오늘도
잘 살고
있습니다

오늘도 잘 살고 있습니다
웃기려고 살았는데, 이제야 내 마음을 씁니다

초판 1쇄 발행 2025년 7월 28일

지은이 서인석
펴낸이 장길수
펴낸곳 지식과감성#
출판등록 제2012-000081호

교정 주경민
디자인 강샛별
편집 강샛별
검수 정은솔, 이현
마케팅 김윤길

주소 서울시 금천구 벚꽃로298 대륭포스트타워6차 1212호
전화 070-4651-3730~4
팩스 070-4325-7006
이메일 ksbookup@naver.com
홈페이지 www.knsbookup.com

ISBN 979-11-392-2706-2(03810)
값 16,700원

- 이 책의 판권은 지은이에게 있습니다.
- 이 책 내용의 전부 또는 일부를 재사용하려면 반드시 지은이의 서면 동의를 받아야 합니다.
- 잘못된 책은 구입하신 곳에서 바꾸어 드립니다.

지식과감성#
홈페이지 바로가기

웃기려고 살았는데,
이제야 내 마음을 씁니다

오늘도
잘 살고
있습니다

서인석 지음

인생을 다 안다고 말하고 싶진 않습니다.
그저 웃기며 살아왔는데,
문득문득 울컥할 때가 있었습니다.
그래도 오늘 하루,
참 고맙게 잘 살고 있습니다.

서인석
산문집

한 코미디언이
진심으로
고백한 기록

지은이 소개

서인석

서인석은 웃기는 사람이었다.
무대 위에서, 텔레비전 속에서, 그리고 밥상머리에서—
어떻게 하면 사람들을 더 크게 웃길 수 있을까를 고민하며
청춘의 대부분을 '웃음'이라는 단어에 바쳐 살아왔다.
1990년, KBS 코미디 탤런트 선발대회
(대학 개그 콘테스트 전신)에서 금상을 받으며
KBS 공채 6기 개그맨으로 데뷔했고,
이듬해 KBS 연예대상 신인상을 수상하며 주목받았다.
김형곤과 함께한 '코미디클럽'에서,
욕 시리즈와 팔도 시리즈 같은 스탠딩 코미디 코너로
1990년대 성인 코미디의 새로운 지평을 열었다.
하지만 웃음을 줄수록 마음은 조용해졌다.
사람들을 웃게 하면서도,
정작 자신의 울컥함은 내보일 수 없던 시간들.
그는 생각했다.
"이제는, 나를 위해 쓰고 싶다."
2019년 시인으로 등단하며
웃음의 언어를 '마음의 언어'로 바꾸기 시작했다.

작사가로 노래를 쓰고, 방송 제작자로 무대를 만들며,
'사람의 마음에 오래 남는 건 결국 진심'이라는 걸 깨달았다.
지금은 〈골방라이브〉, 〈웃으리마을〉,
〈이 노래의 주인공을 찾습니다〉 등
성인가요 프로그램을 직접 기획·진행하고 있으며,
'동네아저씨들 뮤직팩토리' 대표로 대중가요 가수들과 함께
음악의 꿈을 나누고 있다.
그리고 틈틈이 시를 쓰고, 글을 쓰고, 노래 가사를 쓴다.
《나는 코미디언이다》, 《노래가 시가 되다》,
《트로트 한 소절에 인생이 울컥》 등의 책을 펴냈으며,
지금은 한 사람의 남편이자 작사가, 시인으로서
삶의 마지막 무대 위에서 조용히 말을 건넨다.
"웃기려고 살았는데, 이제야 내 마음을 씁니다."
이 산문집은 그가 남기고 싶은 인생의 진심이다.

"무대에서 웃음을 줬다면, 글에서는 위로를 주고 싶다."
— 서인석

목차

지은이 소개   4
프롤로그: 오늘이 전부일 수 있다는 마음으로   14

제1장

지나온 나를 미워하지 않기로 했다

심장은 멈추지 않았고, 나는 남기기로 했다   20
오늘이 전부일 수 있다는 마음으로   23
나는 지금 비로소 나를 만났다   26
하루를 끝낼 때   29
덜어내니, 웃음과 사람이 들어왔다   32
나는 내 삶의 제일 오래된 친구다   34
실수도 껴안고, 나를 다독이는 법   37

제2장

나이 드니 더 선명해지는 마음

잘 늙는 법을 이제야 안다	44
서인석의 나이	47
나이를 받아들이니 인생이 가벼워진다	50
아버지를 닮아간다는 건	53
아무도 안 물어봐도 말하고 싶은 나이	56
혼자라는 건, 살아낸 줄 알았더니, 함께였더라	58
꽃처럼 가장 아름다운 시절	61
내가 나를 안아주는 나이	64
내가 먼저 웃으니, 삶이 웃더라	68

제3장

늙는다는 건, 내 몸이 먼저 말해준다

익어간다는 건, 천천히 단단해진다는 것	76
몸이 말해주는 인생의 기록	79
2,000만 원짜리 인생 수업	83
거울과의 화해	86
늙는다는 건 서두르지 않는다는 뜻	89
흰 수염과의 동거	92
건강과 기억, 그리고 유연한 삶	94

앉는 자세 하나로 알게 된 것들	97
병원이라는 이름의 거울 앞에서	100
그때의 나는 참 괜찮은 사람이었다	102

제4장

나는 아직도 배웁니다

나이를 먹는다는 건, 거듭나는 일이다	110
나를 돌보는 연습	112
나는 정치 코미디언이었습니다	115
배우는 사람은 늙지 않는다	119
시간이 주는 선물은 설렘과 이해였다	122
내 인생은 지금도 녹음 중이다	125
고요 속에서 펜을 든 사람	128

제5장

무대에서 내려와도, 인생은 계속된다

인생은 리듬짝 뽕짝	134
무대가 사라져도, 나는 남는다	137
내 무대가 끝나지 않는 이유	141
서인석은 아직도 무대에 서 있다	144

마이크 하나, 진심 하나	147
내 인생의 무대는 아직 방송 중입니다	151
내 인생, 마누라 다음은 코미디였다	154
진짜 '무대'는 무명일 때부터 시작된다	157
웃음 뒤에 남겨진 것들	160

제6장

웃기려고 살았는데, 울컥했다

웃기려고 살았는데, 울컥했다	166
웃음 건강클럽	169
개나리 처녀의 웃음	173
유쾌한 사람은 늙지 않는다	176
마지막에 웃는 사람이 잘 산 사람이다	178
웃음은 진심이 묻어날 때 비로소 울림이 된다	181
그 시절의 유행어는 잊혀도	184
지금 웃을 수 있다면, 나는 성공한 인생이다	187
호호다이어트와 웃음의 힘	189

제7장

아름다운 동행

그 가수의 노래, 그 사람의 인생	196
같이의 온기, 그 이름들	202
그 사람 이야기, 참 따뜻했어	206
노래는 결국 마음으로 부르는 것이다	208
노래는 결국, 인생이 된다	212
인맥 다이어트 시대	214
날 웃겨주는 친구를 가까이하자	217

제8장

그래서, 오늘도 잘 살고 있습니다

내가 유쾌하게 사는 이유	226
아직도 할 일이 많다	229
이제는 NG 없는 인생을 살고 싶다	232
내일을 기다리는 마음	236
하루하루 다정하게 마무리하기	240
하고 싶은 것 하며 살자	244
나답게 살아갑니다	246
스트레스 없는 남자, 서인석	249
웃음은 최고의 성형수술이다	252

피식 웃고 자는 밤	255
내가 자주 가는 장소 3곳	258
시간이 빨리 간다는 건, 아직 살고 있다는 뜻이다	261
"미.인.대.칭.감" 운동을 제안합니다	265

제9장

부부, 가장 오래된 동행

우리가 닮아간다는 건, 같은 곳을 보기 시작했다는 뜻	272
내 인생의 유일한 팬, 마누라	275
당신이 있어, 내가 버틴 날들	278
마누라가 웃어야 인생이 산다	281
잘 살아왔는지, 내게 묻고 당신에게 고백한다	286
실수도 껴안고, 마음도 꺼내는 사람	289
행복은 작고, 사람은 조용하다	292
"같이 가요"라는 말이 좋아진 나이	295
함께라서 참 다행입니다	299
함께 걷는 길이, 인생입니다	302
마음이 먼저 웃는 사람	306

제10장

남기고 싶은 한마디

이제야, 내 마음이 내 편이 되었다	316
말줄임표 같은 하루, 조용히 마음을 덮는 계절	319
고요 속에 내가 남긴 것들	322
나를 지탱한 단어들	326
그가 남긴 웃음, 그리고 조용한 작별	329
"자살"을 거꾸로 하면 "살자"입니다	333
생전 장례식	337
이름은 사라져도, 웃음은 남는다	344
내가 쓰는 유언, 지금 이 순간	347
마침표는 내가 찍는다	350
마지막 장면이라도 괜찮다, 지금이니까	352
다음 생이 없어도, 지금 삶으로 충분했습니다	355

에필로그: 아내에게 보내는 편지   360

프롤로그

오늘이 전부일 수 있다는 마음으로

살다 보면
아주 조용한 순간에
문득 '끝'을 상상하게 되는 날이 있습니다.
그날이 바로 저에겐, 시작이 되었습니다.
그전까진 내일이 늘 당연했습니다.
할 말은 다음에, 고백은 언젠가,
사람은 또 보면 되겠지—
그렇게 미루며 살았습니다.
하지만 어느 날,
몸이 먼저 저를 멈춰 세웠고,
그제야 '오늘'이라는 시간의 무게가
가슴 깊이 내려앉았습니다.
그래서 마음을 바꿨습니다.
말 한마디도 조심스럽게,
밥 한 끼도 천천히.
누군가를 바라보는 눈길에도
내 마음을 더 얹기로 했습니다.
혹시 오늘이 마지막일지라도

"그래도 참 잘 살았어요."
그렇게 말할 수 있도록요.
죽고 나면,
뭐가 남을까요?
사진 몇 장, 기억 속 몇 마디 말,
그리고 아주 가끔,
누군가의 마음에 여운처럼 남겨질
'나'라는 사람 하나.
결국 중요한 건
'내가 얼마나 진심으로 살았는가'
그 질문 하나뿐이란 걸—
이제는 압니다.
그래서 이 글을 쓰기 시작했습니다.
무대가 사라진 후에도
삶은 여전히 무대였고,
저는 다시 대사를 쓰기 시작했습니다.
이 책은
한 코미디언이 무대 밖에서
자신의 마음을 진심으로 고백한 기록입니다.
그리고 무엇보다,
이 책은 제 아내에게 남기고 싶은
유언 같은 사랑의 고백입니다.

하루를 살아낸 것만으로도 고맙고, 대견하고,

기특한 마음이 듭니다.

예전엔 '지금'보다 '나중'이 더 중요했고,

참으면 다 지나간다고 믿었지요.

그래서 현재의 나는 자주 뒷전이었습니다.

하루하루를 허투루 흘려보낸 날도 많았습니다.

그때의 나는 기댈 틈도 없이 늘 달리고 있었습니다.

사람들의 기대에 맞춰 웃어야 했고,

내 기분보다 분위기를 먼저 살폈지요.

그래야 살아남는다고 믿으며

스스로를 다그치며 견뎠습니다.

하지만 지금은 조금 달라졌습니다.

이제는 어제를 탓하기보다,

그 시간을 묵묵히 버텨준 나를

제1장

지나온 나를 미워하지 않기로 했다

다정하게 끌어안아 줍니다.
돌아보면 참 서툴렀고, 괜히 강한 척도 많이 했고,
웃으면서도 속으론 눈물 삼켰던 날들—
그런 날도 분명 있었습니다.
그래도 그 시절의 나는, 그 나름대로 최선을 다했습니다.
나를 미워하지 않는 법.
그건 어제를 탓하지 않고, 그 시간마저도 '나였음'을
조용히 받아들이는 일입니다.
인생의 품격은, 그렇게 나를 껴안는 마음에서
비로소 시작되는지도 모르겠습니다.
이 장에서는,
실수했던 나, 울고 웃던 나,
그리고 오늘을 견디며 살아낸
'나라는 사람'에 대한 이야기를 담았습니다.

나는 누구인가 - 서인석

"그저 묻고 싶었습니다.
그때의 나, 너무 미워하진 않았나?"

거울 앞에 앉아 조용히 나를 바라본 적이 있습니다.
웃고 있었지만 웃는 게 아니었고,
"괜찮다." 말했지만 속은 울고 있었습니다.
그 시절 나는
사람들을 웃겨야 했고, 기대에 부응해야 했고,
남들이 '괜찮은 사람'이라 말해주길 바라며
나를 조이고 다그치며 살았습니다.
그러던 어느 날, 문득—
"나는 누구인가"라는 물음이
가슴 한복판을 툭, 치고 지나갔습니다.
지금의 나도, 그때의 나도 모두 내 안에 있었음을
그제야 깨달았습니다.
무엇을 위해 그렇게 달려왔는지,
나는 그 물음을 그림으로 대신했습니다.
한 획 한 획, 붓끝에 마음을 실어
텅 빈 한지에 나를 그려 넣었습니다.
그리고 그 그림을 마주한 채,
오랫동안 멈춰 서 있었습니다.
그저 묻고 싶었습니다.
그때의 나, 너무 미워하진 않았니?

심장은 멈추지 않았고, 나는 남기기로 했다
– 수술대 위에서 다짐한 삶의 이유

《논어》에 이런 말이 있습니다.
오십이지천명(五十而知天命).
쉰이 되어서야 하늘의 뜻을 안다는 말이지요.
그런데 저는, 쉰이 아니라 예순다섯이 되어서야
비로소 '내 몫의 철학'이라는 게 생겼습니다.
젊었을 땐 앞만 보고 달렸습니다.
누가 웃기기 전에 내가 먼저 웃겨야 했고,
눈치 빠르게 대사를 쳐야 했고,
카메라보다 반 박자 빨라야
살아남는다고 믿었습니다.
무대에서는 누구보다 힘차게,
사람들을 웃기느라 바빠서
정작 내 마음이 지쳐 있다는 것도 몰랐습니다.
그런데 어느 날,
삶이 저를 조용히 멈춰 세웠습니다.
심장이 멈출 뻔했습니다.
병원 수술대에 누워 처음으로 생각했습니다.
'이제는 나를 좀 돌아봐야겠다.'

무대에서 내려오고 나서야
비로소 내 인생을 천천히 바라볼 수 있었습니다.
그제야 보였습니다.
웃기는 사람에게도 철학이 있다는 것.
그리고 그 철학은 머리에서 나오는 말이 아니라
마음에서 흘러나오는 말이라는 걸요.
거창한 개념은 아니었습니다.
사람 마음을 울리는 그 한 줄,
작고 따뜻한 웃음 속에
그 모든 것이 들어 있었습니다.
이제 저는, 그 웃음 뒤에 숨어 있던 이야기들을
하나씩 꺼내 보려 합니다.
조금 늦었지만,
지금이라도 남기고 싶어졌습니다.
혹시 이 책이
제가 남기는 마지막 기록이 된다면—
그건 개그맨으로 살아온 한 사람이
조용히 전한 진심이었다고 믿어주시길 바랍니다.
이제는 누군가를 웃기기보다,
조용히 위로가 되는 글 한 줄을 남기고 싶습니다.
그리고 오늘도, 저는 조금 늦게 웃고 있습니다.
무엇보다도,

그 어떤 순간에도 내 곁을 지켜준 단 한 사람.
이 글을 쓰고 있는 지금도
옆에서 조용히 나를 응원해 주는 아내에게
작게, 그러나 가장 깊은 마음으로 말합니다.
여보, 고맙습니다.
그리고… 엄청나게 사랑합니다.

서인석의 마음 수첩

죽을 뻔했던 순간이,
비로소 삶을 다시 시작하게 했습니다.
남겨야 할 이유는 단 하나,
내 곁에 늘 함께였던 그 사람 때문이었습니다.

오늘이 전부일 수 있다는 마음으로
- 지금 이 순간을 사랑하는 연습

예전엔 내일이 당연히 따라올 줄 알았습니다.
하고 싶은 말은 미뤘고,
꺼내기 어려운 감정은 묻어뒀습니다.
웃는 얼굴 뒤로 속마음을 감췄습니다.
내 직업이, 사람을 웃게 하는 일이었으니까요.
무대 위에선 늘 밝아야 했고,
카메라가 돌아가는 한,
내 속의 울컥함은 언제나 뒷전이었습니다.
그게 프로라고, 그게 어른이라고, 나를 속이며 살았습니다.
그런데 몸이 먼저 말을 걸었습니다.
"이제 그만, 좀 멈춰보자."
병원 복도에서, 약국 창구 앞에서,
문득 내가 '살아 있다'는 사실이 낯설게 느껴졌습니다.
그제야 알았습니다.
내가 제일 먼저 다독여야 할 사람은 바로 나라는 걸요.
그래서 요즘은 이렇게 삽니다.
'오늘이 전부일 수도 있다'는 마음으로.
무대가 없어도 괜찮습니다.

박수가 없어도 덜 불안합니다.
하루에 한 번, 내 마음이 웃고 있는지 조용히 들여다봅니다.
예전엔 웃음을 나누는 게 일이었다면,
지금은 나 자신에게 웃는 법을 가르쳐주는 중입니다.
따뜻한 밥 한 끼, 바람 부는 창가,
그 조용한 풍경 속에 내가 나를 돌보는 연습이 있습니다.
그리고 그 곁엔 언제나,
내가 말하지 않아도 "괜찮아, 다 지나가"라며
눈빛 하나로 안아주는 사람이 있습니다.
바로 제 아내입니다.
그 사람이 있다는 사실만으로
하루는 충분히 따뜻해지고,
살아 있다는 게 더 이상 미안하지 않습니다.
혹시 오늘이 인생의 마지막 장면일지라도,
그 순간 나는 조용히 아내의 손을 꼭 잡고 말하고 싶습니다.
"여보, 그래도… 참 잘 살아냈지."

서인석의 마음 수첩

무대는 내려와도,
내 마음의 공연은 오늘도 계속됩니다.

나는 지금 비로소 나를 만났다

– 남의 기대가 아닌 나의 마음으로 걷기

나는 지금, 비로소 나를 만났습니다.
그동안 참 많이도 돌아왔습니다.
무대에서 웃고, 카메라 앞에서 당당했던 그 시절을 지나—
말로는 괜찮다 하면서도
속으론 울고 있었던 날들을 지나서야
거울 속 진짜 내 얼굴을 조용히 마주하게 되었습니다.
젊었을 땐 '내가 누구인가'보다
'남들이 날 어떻게 보는가'가 더 중요했습니다.
웃겨야 했고, 강해야 했고, 기대에 부응해야 했습니다.
지쳐도 괜찮은 척, 무너져도 "괜찮다."라고 말하며
그저 버티며 살아냈습니다.
지금 와 돌아보니
그 많은 날들이 결국 남의 기준에 맞춰
깎여나간 시간이었다는 걸 이제야 알게 됩니다.
조금 아프고, 조금 아쉬웠지만
그 시간도 결국 나였습니다.
이제는 조금 달라졌습니다.
무엇이 내 마음을 움직이고,

무엇을 진심으로 좋아하는지를
조용히 들여다보게 되었습니다.
예전엔 속도가 능력이라 믿었습니다.
빨라야 살 수 있고, 앞서야 존재감이 있다고 생각했지요.
하지만 지금은 압니다.
속도보다 방향이 중요하다는 걸.
그리고 그 방향은 '성공'보다
'사람', '관계', '따뜻한 시선'에 달려 있다는 걸요.
요즘 나는 '멋져 보이느냐'보다
'따뜻한 사람이냐'를 더 고민합니다.
명함보다 마음, 성과보다 위로,
성공보다 공감이 더 소중하게 느껴지는 나이입니다.
그래서 이제는 과거의 나를
탓하지도, 부끄러워하지도 않습니다.
그 시절 덕분에 지금의 내가 있으니까요.
오늘도 나는 내 안의 인석이에게 조용히 말합니다.
"늦었지만, 잘 왔구나.
그동안 참 수고 많았고,
이제라도 너를 만나서 정말 다행이다."

서인석의 마음 수첩

사람들 앞에 잘 보이기보다,
내 마음에 부끄럽지 않은 사람이 되는 것.
지금 나는, 그 길을 걷고 있습니다.

하루를 끝낼 때

- 오늘도 웃으며 마무리할 수 있었기를

하루를 마칠 무렵이면 나는 스스로에게 조용히 묻습니다.
"오늘, 누구를 웃게 했나?"
내가 먼저 웃었는지,
누구에게 따뜻한 말을 건넸는지,
그 하루가 누군가에게
작은 쉼표라도 되었는지를 돌아봅니다.
젊었을 땐 조금 달랐습니다.
"오늘 뭐 하나 이뤘나?"
그게 하루의 기준이었습니다.
방송이 잘 나왔는지, 관객 반응이 어땠는지―
숫자와 평가가 나를 증명해 준다고 믿었지요.
그런데 지금은 달라졌습니다.
이제는 '사람'과 '마음'을 먼저 떠올립니다.
누군가의 마음을 놓치진 않았는지,
외로워 보이던 그 사람의 기척을 무심히 지나치진 않았는지.
그런 장면들이 밤이 되면 하나둘 떠오릅니다.
무엇을 성취했느냐보다,
어떤 표정을 마주했는가, 어떤 마음을 나누었는가―

그게 지금의 나에겐 훨씬 더 소중한
하루의 기준이 되었습니다.
후회 없는 하루란,
모든 걸 완벽히 해낸 날이 아니라
단 하나라도 진심이었던 순간이 있었던 날입니다.
아내의 손을 조용히 잡아준 그 짧은 찰나,
후배의 말을 끝까지 들어준 시간,
무대 위에서 관객과 눈빛을 나눈 그 몇 초.
그런 순간이 있다면
나는 그날을 잘 살았다고 말할 수 있습니다.
나는 그런 하루를 살고 싶습니다.
바쁘게 채우기보다, 조용히 마음이 오가는 하루.
성취로 북적이기보다, 따뜻함으로 닫히는 하루.
그리고 그 하루들이 차곡차곡 쌓여
언젠가 내 인생의 마지막 장면이 되었을 때,
내가 바라는 건 딱 하나입니다.
"그날도 웃으며 마무리할 수 있었기를."
그 웃음 하나로,
나는 내 인생을 참 잘 살았다고 말하고 싶습니다.

서인석의 마음 수첩

잘 산 하루란, 웃으며 마무리할 수 있었던 하루입니다.
그 한 번의 미소면, 그날은 충분히 성공한 날입니다

덜어내니, 웃음과 사람이 들어왔다
– 비우고 나서야 비로소 들어온 것들에 대하여

물건도, 사람도, 감정도
한참을 쌓아두기만 했습니다.
남는 게 미덕인 줄 알고,
가지고 있어야 든든한 줄 알았지요.
그런데요,
이 나이에 비로소 알게 된 게 있습니다.
쌓는 것보다 어려운 일이,
덜어내는 일이라는 걸요.
언제부턴가 집 안 물건들을 하나씩 정리하기 시작했습니다.
작아진 옷, 낡은 가전제품,
심지어는 '언젠가 쓸지도 몰라'
수년째 박스 속에 있던 물건들까지요.
이상하죠.
버렸을 뿐인데,
집 안이 아니라 마음이 먼저 가벼워졌습니다.
그때 깨달았습니다.
이건 정리가 아니라 비움의 연습이라는 걸요.
사람 관계도 그렇습니다.

무리해서 붙잡던 인연,

애써 웃으며 맞춰주던 시간,

그 모든 게 나를 지치게 만들고 있었던 거죠.

덜어내고 나니,

오히려 웃을 일이 생겼습니다.

기운 빠지는 대화 대신,

나를 진심으로 웃게 해주는 사람이 남았습니다.

자리를 비우니

그제야 소중한 것이 찾아왔습니다.

진짜 친구,

진짜 감정,

진짜 나 자신이요.

비우지 않으면

들어올 수 없었던 것들이었습니다.

서인석의 마음 수첩

덜어낸다는 건 버리는 일이 아니라,
나에게 진짜 필요한 것을 들이기 위한 준비였습니다.

나는 내 삶의 제일 오래된 친구다
- 내 편이 되어준 단 한 사람, 바로 나였다

살다 보면 참 많은 사람을 만납니다.
좋을 땐 함께 웃고, 아플 땐 같이 울고
그런 시간들이 분명 있었지요.
하지만 시간이 흐르면서 그 사람들은 하나둘 멀어지고,
결국엔 추억으로만 남거나
오래된 사진처럼 스쳐 지나갑니다.
그러던 어느 날, 문득 돌아봤습니다.
그 많은 사람들 중 내 곁에 가장 오래
머물러준 사람이 누구였을까.
놀랍게도, 바로 나 자신이었습니다.
아무도 모르게 속으로 울던 날,
등을 조용히 토닥여 준 것도,
"괜찮아, 수고했어." 그 말도 결국 내 마음이었습니다.
누군가 손 내밀지 않아도,
내가 주저앉은 순간에 같이 앉아준 사람.
다시 일어서려 할 때
조용히 박수 쳐준 사람— 그게 바로 나였더군요.
내가 내 편이 되어주지 않았다면

그 많은 날들을 어떻게 견딜 수 있었을까요.
젊었을 땐 사람을 의지했습니다.
누군가 내 편이 되어주길 바랐고,
세상엔 믿을 사람이 많다고 생각했습니다.
하지만 지금은 다릅니다.
사람은 머물다 가는 존재이고,
끝까지 내 곁에 남는 친구는
결국 '나 자신'이라는 걸 이제는 알게 되었습니다.
그래서 요즘은 내 마음을 더 자주 들여다봅니다.
예전엔 남 눈치 보느라 꾹 눌러둔 말들도
이제는 스스로에게 먼저 건넵니다.
"조금 늦어도 괜찮아."
"오늘도 잘 버텼다, 인석아."
누군가 몰라줘도 괜찮습니다.
세상이 외면해도 괜찮습니다.
내가 나를 알아보고, 내가 나를 다정하게 안아주면
그 하루는 쉽게 무너지지 않습니다.
살아보니…
나는 내 인생의 제일 오래된 친구였습니다.
그리고 그 사실을
이제야 진심으로 고마워하고 있습니다.

서인석의 마음 수첩

사람은 떠날 수 있어도,
내 마음만큼은 끝까지 내 편이어야 합니다.
그것만 잊지 않으면, 하루는 무너지지 않습니다.

실수도 껴안고, 나를 다독이는 법

– 잘못했던 날들마저, 지금의 나를 만든 시간이었다

젊었을 땐 실수 하나에도 세상이 무너지는 줄 알았습니다.
무대에서 말이 꼬였을 때,
누군가의 질문에 대답을 망설였을 때,
아끼는 사람에게 서툰 말로 상처를 줬을 때―
그 순간들이 밤마다 되돌아와 나를 괴롭혔습니다.
"왜 그랬을까."
"그 말만 안 했어도…."
수없이 되뇌며 스스로를 미워했지요.
마치 그 한 번의 실수가
내 전부를 결정짓는 것처럼 느껴졌습니다.
하지만 살아보니, 그 실수들이 결국
나를 사람답게 만들더군요.
실수했기에 배웠고,
무너졌기에 일어서는 법을 알게 되었고,
상처를 줬기에 다른 사람의 마음을
조심스럽게 살피게 되었습니다.
그 실수들이 없었다면 지금의 나는 없었을지도 모릅니다.
그래서 이제는 그때의 나에게 말해주고 싶습니다.

"괜찮다. 그 실수 덕분에 네가 더 따뜻해졌어."
예전엔 늘 "괜찮다."라고만 말했습니다.
힘들어도, 속상해도,
괜찮은 척, 아무렇지 않은 척을 반복했지요.
그게 어른스러움이라 믿었고,
강한 사람의 자세라 생각했습니다.
하지만 지금은 압니다.
그건 나를 속이는 일이었다는 걸요.
요즘은 다릅니다.
"오늘은 좀 지친다."
"요즘 마음이 시끄럽다."
"괜찮지 않다."
그렇게 말할 수 있게 되었습니다.
그 말을 꺼내는 것만으로도 마음이 정리됩니다.
감정을 꺼내놓는 일 자체가 다독임이라는 걸
이제는 확실히 알게 됐습니다.
사람은 '괜찮은 척'보다
'괜찮지 않다'고 말할 수 있는 용기가 더 필요합니다.
그게 나를 지키는 마음이고,
진짜 어른이 되어가는 길이 아닐까 싶습니다.
나는 지금, 실수를 웃음으로 바꾸고,
감정을 감추지 않고 꺼내놓을 줄 아는 어른이고,

그렇게 나를 조금씩 더 껴안으며
조금씩 더 사람이 되어가고 있습니다.
그 실수도 나였고,
그 마음까지 품어주는 일이
진짜 나를 살아내는 방식이라는 걸요.

서인석의 마음 수첩

괜찮은 척하지 말고,
괜찮지 않다고 말하는 용기.
그게 진짜 어른의 마음입니다.

젊을 땐 잘 보이지 않았습니다.

사람의 마음도, 가족의 진심도, 심지어 내 속마음조차도요.

늘 앞만 보고 바쁘게 달리다 보니

스쳐 지나간 표정 하나, 짧은 한숨 하나에도 무뎠습니다.

눈치보다 빠른 발걸음으로

마음을 놓치고 살았던 시절이었습니다.

그런데 어느새, 나이를 먹고 나니

흐릿했던 것들이 마음에 남기 시작했습니다.

말없이 내 옆을 지켜준 사람이

얼마나 큰 위로였는지—

그제야 알게 되었습니다.

무심하던 순간들이

사실은 가장 따뜻한 마음이었다는 걸

이제야 가슴으로 느낍니다.

제2장

나이 드니
더 선명해지는 마음

그래서 이 장에서는,
그제야 비로소 보이기 시작한 진심들,
그리고 그 마음을 놓치지 않게 된 순간들을
조심스럽게 꺼내보려 합니다.
그저 지나갔던 시간이, 이제는 고맙고 따뜻하게
내 마음에 또렷이 남아 있습니다.

할매요 머시 그리 부끄럽노 - 서인석

"지나간 얼굴이 아니라, 늦게 도착한 마음이었습니다."

입을 가린 웃음.
부끄럽게 활짝 웃던
당신의 그 표정이 참 좋았습니다.
말보다 웃음이 먼저였던 사람.
눈보다 마음이 먼저 웃던 사람.
묵묵히 내 곁을 지켜준 사람.
소란스럽지 않게,
그러나 단단하게 머물러준 사람.
그 웃음은
지나간 세월이 아니라,
지금도 내 곁에 있는
따뜻한 위로였습니다.
나는 당신을 그린 게 아니라,
그 안에 담긴 시간과
묵묵히 지켜낸 마음을 그렸던 거였습니다.
당신의 얼굴을 그리다 보니,
장모님의 얼굴이 되었습니다.
우리도 어느덧,
그렇게 나이 먹었구료.

잘 늙는 법을 이제야 안다
– 나이 듦 속에 피어난 진짜 마음

젊었을 땐, 나이 드는 법을 배우지 못했습니다.
늙어 보일까 봐 안간힘을 썼습니다.
주름 하나에도 민감했고,
흰머리 한 올에도 당황했지요.
무대 위에서도, 카메라 앞에서도
늘 젊고 활기차 보여야 한다고 믿었습니다.
나이 든다는 건
왠지 '물러나야 할 때' 같았고,
그래서 감추고 덮고,
어떻게든 젊음을 따라가려 했습니다.
그런데 지금은 좀 다릅니다.
잘 늙는다는 건
잘 살아온 흔적을 그대로 품는 일이라는 걸
이제야 알게 됐습니다.
이제는 주름 속에 이야기가 보입니다.
고개 숙인 만큼의 배려,
참아낸 만큼의 인내가
얼굴에도, 허리에도

고스란히 새겨졌다는 걸요.
예전엔 "세월이 너를 깎았구나."
그 말이 서글펐습니다.
하지만 지금은 이렇게 말하고 싶습니다.
"아니요, 세월은 저를 깎은 게 아니라
잘 다듬어준 겁니다."
거울 속에는 주름이 보이지만,
내 안에는 더 깊어진 마음,
더 단단해진 사랑,
그리고 더 묵직한 침묵이 자리 잡았습니다.
젊음을 부러워하지 않습니다.
그 시절엔 몰랐던 걸
지금은 알고 있고,
가질 수 없었던 걸
지금은 품고 있으니까요.
잘 늙는다는 건
뒤처지지 않으려 애쓰는 게 아니라
지금 이 나이를 담담하게,
그리고 감사하게 받아들이는 일입니다.
그리고 나서야 알게 됐습니다.
사람은 나이 들수록
더 '사람'다워진다는 걸요.

서인석의 마음 수첩

세월은 주름을 만들었지만,
그 안에 담긴 이야기들이
저를 더 사람답게 만들어주었습니다.
그리고 그 사람다움이,
오늘의 저를 더 따뜻하게 빛나게 합니다.

서인석의 나이

– 남의 시간 말고, 내 삶의 리듬으로 사는 나이

예순다섯입니다.
예전엔 상상도 못 했던 숫자입니다.
그저 '어르신'이라 불리는 나이쯤으로만 생각했지,
막상 그 나이에 도달하리라곤 실감하지 못했죠.
그런데 참 신기합니다.
막상 이 나이에 오고 보니,
나는 여전히 나입니다.
조금 천천히 걷고,
조금 덜 먹고,
조금 더 쉬어가긴 하지만—
속마음은 아직도
30대 때 그 인석이가 살아 있습니다.
예순다섯 살의 나는
조금 더 웃음에 너그러워졌고,
조금 더 슬픔에 관대해졌습니다.
어릴 땐 몰랐습니다.
어른이 된다는 게
내가 원하는 모습만 닮는 게 아니라는 걸요.

부모님의 얼굴을 닮아가고,
그분들의 말투와 버릇까지
조금씩 내 안에 들어오는 걸 보며
나이를 받아들입니다.
요즘은 거울보다
마누라의 얼굴을 자주 봅니다.
그 얼굴을 보면
내 인생의 연대기가 떠오르고,
우리가 함께 걸어온 시간이
주름 속에 고스란히 새겨져 있음을 봅니다.
내가 늙는 만큼
아내도 같이 늙고 있고,
그래서 나는 이 나이를
더 미워하지 않게 됩니다.
예전엔 '몇 살'이라는 숫자가
경계처럼 느껴졌습니다.
이제는 그 숫자가
하나의 이정표 같습니다.
내가 얼마나 잘 걸어왔는지,
지금 어디쯤 와 있는지를 알려주는 표시 같아서요.
예순다섯,
그냥 숫자일 뿐입니다.

마음이 늙지 않았다면
나는 아직도 배우는 중이고,
웃을 수 있고,
사랑할 수 있는 사람입니다.

서인석의 마음 수첩

나이는 숫자지만,
그 안에 담긴 삶은 결코 가볍지 않습니다.
나는 지금, 내 나이를 고맙게 살아내고 있습니다.

나이를 받아들이니 인생이 가벼워진다

– 나이 들기를 부정하지 않자, 삶이 한결 가벼워졌다

"형님도 이젠 늙었네요."
예전 같았으면 속으로 뜨끔했을 말인데,
요즘은 그냥 웃으며 넘깁니다.
거울 속 주름이 늘고,
귀밑부터 번져가는 흰머리에
한숨 섞인 눈길을 보낸 적도 있었지만―
지금은 그런 흔적들조차
나를 닮은 무늬처럼 느껴집니다.
젊었을 땐 그게 마음을 무겁게 했습니다.
하지만 요즘은 이렇게 생각합니다.
"아, 내가 그만큼 잘 살아왔구나."
주름은 흠이 아니라 기록이었고,
흰머리는 세월이 남긴 이야기였습니다.
예전에는 나이를 숫자로만 셌습니다.
몇 살, 몇 년 차, 몇 번째 실패―
그런 것들로 내 시간을 평가했지요.
그래서 줄어드는 체력,
사라지는 무대,

멀어지는 이름값이 아쉬웠습니다.
하지만 지금은 그 숫자보다
내 안에 조용히 쌓여 있는 이야기들이
더 눈에 들어옵니다.
말 한마디에 누군가가 웃고,
눈빛 하나에 따뜻함이 묻어나는 나이—
요즘 참 자주 느낍니다.
이제는 억지로 젊어 보이려 애쓰지 않습니다.
굳이 20대 사이에 끼어들 이유도 없습니다.
무리하지 않아도 되는 나이,
내 속도대로 하루를 살아갈 수 있다는 사실—
이렇게도 큰 위로가 되다니요.
나를 인정하니,
남도 더 따뜻하게 보입니다.
예전 같으면 못 참았을 실수도
지금은 웃으며 넘기게 됩니다.
그게 아마도,
나이를 받아들인다는 뜻이겠지요.
그리고 무엇보다,
나는 요즘 나 자신에게
점점 더 너그러워지고 있다는 걸 느낍니다.
못 이룬 것보다

지켜온 것들이 더 소중하고,
넘어졌던 날보다
다시 일어났던 날들이
더 또렷하게 기억에 남습니다.
가슴을 뛰게 했던 무대,
한 줄의 진심,
그리고 아내와 함께 웃은 저녁 밥상—
그런 순간들이
숫자보다 훨씬 더 나를 설명해 줍니다.
나이 든다는 건
인생이 작아지는 게 아니었습니다.
오히려 마음이
더 넓어지고, 더 깊어지는 일이었습니다.
그걸 요즘, 자주 느낍니다.

서인석의 마음 수첩

주름은 세월이 만든 게 아니라,
내가 얼마나 많이 웃었는지를 보여주는 지도였습니다.

아버지를 닮아간다는 건

– 이해하고 용서하며 닮아가는, 아버지라는 시간

예전엔 그 말이 참 싫었습니다.
"아버지랑 닮으셨어요."
말투도, 걸음걸이도, 고집스러운 성격까지
그저 답답하고 고루하게만 느껴졌지요.
속으로 다짐했습니다.
"나는 저렇게 늙지 말아야지."
그땐 속도와 자유가 전부인 줄 알았고,
아버지 같은 모습은 청춘과 거리가 멀다고 생각했습니다.
그런데 요즘은…
거울 앞에 서면, 이상하게도
자꾸만 아버지가 말을 겁니다.
"오늘도 잘 견뎠다, 인석아."
눈매도 닮았고, 고개를 끄덕이는 습관도,
목소리와 걸음걸이,
가끔 한숨 쉬는 타이밍까지
참 많이 닮아 있더군요.
아, 나는 어느새
아버지를 닮아 살고 있었습니다.

돌아보니 그분도 조용히 견디던 사람이었습니다.
말없이 하루를 살아내고,
묻지도 않고 묵묵히 지켜주는 사람.
출근길 닫히던 문소리,
밥상에 조용히 놓인 반찬 하나,
밤늦게 들어와 조심스럽게 불 끄던 그 뒷모습.
그건 무뚝뚝함이 아니라,
가족을 향한 가장 단단한 표현이었습니다.
이제는 압니다.
그 고집은 사랑이었고,
그 침묵은 책임이었습니다.
그리고 지금의 나는
그 조용한 마음을 천천히 닮아가고 있습니다.
누군가 "아버지랑 많이 닮으셨어요."라고 말하면
이젠 웃으며 고개를 끄덕입니다.
그 말 한 줄에,
아버지의 세월과 나의 시간이
나란히 흐른다는 걸 알기 때문입니다.
아버지를 닮아간다는 건
외모나 말투의 문제가 아닙니다.
그분이 살던 방식, 그분이 품었던 마음을
내 일상에 고스란히 새겨 넣는 일입니다.

나는 오늘도,
그분의 걸음으로,
천천히 그러나 단단하게 하루를 걷습니다.
그리고 조용히 속으로 이야기합니다.
"아버지, 나도 아버지가 되고 싶어요."

서인석의 마음 수첩

거울을 보면 가끔 아버지가 말을 겁니다.
그 목소리가 요즘, 제일 따뜻한 위로입니다.

아무도 안 물어봐도 말하고 싶은 나이
- 스스로를 사랑하게 된 나이

젊을 땐 나이를 감췄습니다.
"몇 살이세요?" 하는 말에
괜히 한두 살쯤 낮춰 말하곤 했지요.
세월이 흘렀다는 걸 들키고 싶지 않았습니다.
늙었다는 말을 듣는 게 싫었습니다.
그런데 요즘은 다릅니다.
이제는 아무도 안 물어봐도
내 나이를 말하고 싶습니다.
"예순다섯입니다."
"이 나이에도 노래 만들고, 무대에 서고 있습니다."
어느 날 문득 깨달았습니다.
나이란 게 숫자가 아니라
살아낸 날들의 증거라는 걸요.
넘어졌던 날, 울었던 날,
그 모든 날들을 견뎌냈기에
지금의 내가 있다고.
예전엔 나이를 먹는다는 게
조금은 부끄럽고 초라한 일 같았지만,

지금은 자랑스럽습니다.
어느 하루도 쉽게 지나온 날은 없었으니까요.
가끔은 거울 속 주름을 바라보며
"그래, 너 참 열심히 살아왔구나."
혼잣말처럼 말해봅니다.
그 말 한마디가
왠지 모르게 눈물겹도록 고맙습니다.
이제는 나이를 묻지 않아도 말하고 싶습니다.
이 나이, 나는 나답게 잘 살고 있다고.
아무도 안 물어줄 땐,
내가 나한테 물어보면 됩니다.
"지금도 잘 살고 있냐?"
그 물음에 고개 끄덕이면,
그게 진짜 잘 살고 있는 거지요.

서인석의 마음 수첩

나이를 말하는 게 부끄럽지 않은 건
그만큼 살아낸 날들이 자랑스럽기 때문입니다.

혼자라는 건, 살아낸 줄 알았더니, 함께였더라
- 혼자였던 줄 알았던 시간 뒤엔, 늘 누군가의 마음이 있었다

혼자 밥을 먹고,
혼자 병원에 가고,
혼자 텔레비전을 보다가
괜히 혼자 소리 내 웃는 날이 있습니다.
그럴 땐 마음 한구석이 시큰하다가도
문득 이렇게 중얼거리게 됩니다.
"그래도, 여기까지 왔네."
혼자서 버텨온 것 같았지만,
돌아보면 늘 누군가가 곁에 있었습니다.
말없이 내 하루를 받아준 사람,
속상한 날이면 먼저 눈치채 주던 사람.
내 옆에 조용히 머물러준
그 이름, 아내입니다.
사람들이 하나둘 곁을 떠나고,
무대가 줄고,
카메라가 멀어진 날에도
그녀는 늘 같은 자리에 있었습니다.
예전엔 혼자가 외로움의 다른 이름인 줄 알았지만,

지금은 압니다.
진짜 외로움은
누군가와 있어도 마음이 비어 있을 때였고,
진짜 위로는
혼자여도 함께한 기억이
마음에 남아 있을 때 찾아온다는 걸요.
나이 들수록 혼자 있는 시간이 많아지지만,
그 시간마저도
그녀와 함께한 순간들이
마음 깊숙이 남아 있습니다.
창밖을 바라보며
가끔은 이유 없이 웃고,
커피잔에 손을 얹으며 혼잣말합니다.
"그래도 잘 살았지, 인석아.
그리고… 고맙다, 여보."
내가 버틴 줄 알았던 시간,
사실은 그녀가 지켜준 시간들이었습니다.

서인석의 마음 수첩

혼자라는 건,
끝내 혼자가 아니었다는 걸 깨닫게 해준 시간입니다.
그 곁을 조용히 지켜준 아내,
그 사랑 덕분에
나는 오늘도 잘 살아가고 있습니다.

꽃처럼 가장 아름다운 시절

- 조용한 마음으로, 나를 다시 써 내려간 시간

젊을 땐 말이 먼저 나갔습니다.
입이 앞섰고, 생각은 그다음이었죠.
상처가 될 줄도 모르고 던진 말에
뒤늦게 후회하는 일도 많았습니다.
그런데 요즘은,
말보다 펜을 먼저 듭니다.
떠오르는 생각을 곧장 말하지 않고,
잠시 고요 속에 앉혀둡니다.
그리고 그걸 글로 옮겨봅니다.
신기하게도
소리 없이 써 내려간 문장은
때론 말보다 더 많은 것을 전해주더군요.
말에는 흥분이 실리고,
글에는 온기가 남습니다.
펜을 든다는 건
누군가를 탓하기보다
내 안을 들여다보겠다는 뜻이기도 하니까요.
어릴 땐 말로 인정받고 싶었지만,

지금은 조용히 쓰는 글 한 줄이
나를 가장 진심 있게 보여주는 것 같습니다.
고요 속에 펜을 들었다는 건,
삶을 성찰하고 있다는 증거입니다.
그리고 나이 들수록
그런 증거 하나쯤은
마음에 품고 살아야 하지 않겠습니까.
예전엔 목소리로 존재를 증명했다면,
지금은 침묵 속에서
내 마음의 무늬를 기록하고 있습니다.
요즘 저는
예전보다 말이 줄었고,
그만큼 마음을 더 쓰게 되었습니다.
그래서일까요.
이 조용한 지금이,
내 인생의 가장 단정하고 충만한 순간,
바로 화양연화(花樣年華: 꽃처럼 가장 아름다운 시절)가
아닐까 싶습니다.

서인석의 마음 수첩

말은 순간을 채우지만,
글은 마음을 남긴다.
고요 속에 펜을 든 사람은
이미 세상과 화해하고 있는 중이다.

내가 나를 안아주는 나이
- 가장 따뜻한 위로는, 내가 나에게 해주는 한마디

예전엔 참 많이 신경 썼습니다.
사람들의 눈빛, 말투, 표정…
누가 날 어떻게 볼까, 혹여 내가 기대에 못 미치면
그게 곧 내 실패처럼 느껴졌습니다.
무대 위에서는 늘 웃겨야 했고,
무대 아래에서는 언제나 괜찮은 사람처럼 보여야 했습니다.
그래서 늘 스스로를 몰아붙였지요.
"더 잘해야지."
"이 정도론 안 돼."
"아직 멀었어, 인석아."
그렇게 날마다 나를 채찍질하며 살았습니다.
그런데 요즘은 조금 달라졌습니다.
이제는 남의 평가보다
내 마음의 상태를 먼저 살펴봅니다.
누가 뭐라 해도
내가 웃고 있다면
그 하루는 괜찮은 하루입니다.
조금 부족해도 괜찮습니다.

실수해도 괜찮습니다.
요즘은 스스로에게 이렇게 말해줍니다.
"그래도, 오늘도 수고했어."
이제는 내 마음을
더 자주 들여다보게 되었습니다.
잘한 날이면 "잘했다, 인석아."
지친 날이면 "괜찮아, 오늘도 애썼어."
그렇게 조용히 나를 다독입니다.
누구보다 나를 먼저 안아줄 수 있는 사람—
그게 지금의 나입니다.
젊었을 땐
누군가의 칭찬이 나를 살리는 줄 알았습니다.
"형님, 최고예요."
"오늘 진짜 웃겼어요."
그런 말에 목말라 있었지요.
하지만 지금은 압니다.
가장 큰 위로는,
내가 내 어깨를 토닥이며
건네는 한마디라는 걸요.
혼자 있는 시간이 많아졌고,
외로운 날도 있습니다.
가끔은 이유 없이

눈물 나는 새벽도 있고요.
그런데 그럴수록 더 느낍니다.
내가 나를 따뜻하게 안아줄 줄 알면,
그 하루는
살아볼 만한 하루가 된다는 걸.
예전엔 누군가의 인정을 기다렸지만,
지금은 내 안의 나에게
"그래도 잘 살아왔다."라고
말해주는 그 한마디가
하루를 지탱해 줍니다.
이제는 내 마음을
스스로 품을 줄 아는 나이입니다.
누가 안아주길 기다리기보다,
내가 나를 안아주는 마음—
그게 훨씬 더 따뜻하다는 걸
알게 되었습니다.

서인석의 마음 수첩

다른 누군가의 위로보다,
내가 나에게 건네는 '괜찮아' 한마디가
오늘을 살게 해줍니다.
그래서 오늘도, 나는 나를 먼저 안아줍니다.

내가 먼저 웃으니, 삶이 웃더라
- 욕심을 덜어낸 자리에 웃음이 들어왔다

욕심을 하나씩 덜어냈더니
내 마음 한편에 조용히 자리가 생겼습니다.
많이 가지려 할 땐 늘 불안했습니다.
무언가 잃을까 봐, 남보다 뒤처질까 봐,
내가 부족한 사람처럼 보일까 봐—
애써 더 채우려 했고,
그럴수록 마음은 점점 좁아졌습니다.
그런데 신기하게도,
욕심 하나씩 내려놓고 나니
그 빈자리에 여유가 들어오고,
웃음이 들어오고,
그러다 보니 사람도 들어오기 시작하더군요.
요즘 나는,
그냥 말없이 옆에 앉아주는 사람이 제일 좋습니다.
굳이 조언하지 않아도 좋고,
잔소리 한마디 없이
그저 곁에 있어주는 그 존재만으로도
마음이 따뜻해지는 걸 느낍니다.

무슨 말을 못 해도 괜찮습니다.
손 한번 조용히 얹어주고,
고개만 천천히 끄덕여 줘도—
그게 위로라는 걸,
그 조용한 기척이 얼마나 큰 힘이 되는지를
이제는 압니다.
그리고 무엇보다,
요즘 나는 나를 웃게 해주는 일을
가장 소중하게 여깁니다.
젊었을 땐 사람들을 웃기려고 살았습니다.
무대에서, 방송에서—
늘 웃겨야만 살아남을 수 있다고 믿었고,
웃음소리가 없으면
내 존재감도 사라지는 것만 같았습니다.
그런데 지금은 달라졌습니다.
내가 웃지 않으면,
누구도 웃게 할 수 없다는 걸
알게 되었습니다.
그래서 요즘은
나부터 먼저 웃는 연습을 합니다.
하루에 단 한 번이라도
내가 소리 내어 웃었다면

그 하루는 충분히 잘 산 하루입니다.
그 웃음 하나 덕분에 또 하루가 살아지고,
그 웃음 하나 덕분에
사람이 내게로 조용히 들어옵니다.

서인석의 마음 수첩

웃기며 살던 내가,
이젠 웃는 법을 배워가는 중입니다.

어느 날,

계단을 오르다 말고 숨을 고르게 됩니다.

예전엔 거뜬했던 길인데

심장이 먼저 말을 겁니다.

"이제는 좀 천천히 가도 괜찮아."

몸이 먼저 말을 겁니다.

거울보다 병원 진료표를 더 자주 들여다보게 되고,

건강검진 결과가

인생의 성적표처럼 느껴질 때도 있습니다.

처음 듣는 병명이 하나둘 늘어날수록

하루 한 알의 약이

고마운 인사처럼 느껴지고,

숨이 찰 때마다

살아 있다는 게 더 또렷해집니다.

제3장

늙는다는 건, 내 몸이 먼저 말해준다

예전엔 건강이 당연했습니다.

지금은,

그 당연함이 얼마나 귀한 축복이었는지

뼈저리게 느껴집니다.

몸이 보내는 작은 신호 하나하나가

이제는 삶의 언어처럼 들립니다.

그래서 이 장에서는,

그 언어를 무시하지 않고

조용히 들어주는 법을 이야기하려 합니다.

늙는다는 건,

몸과 화해하며 함께 살아가는 일입니다.

천천히, 그러나 깊어지는 속도로요.

고목에도 꽃은 핀다 - 서인석

"늙었다고 꽃을 못 피우진 않는다.
다만 조금 늦게 피울 뿐."

붓을 들었습니다.
마른 나무 하나를 바라보며
그냥 오래도록 서 있었습니다.
잎도 없고, 꽃도 없고,
그저 버틴 흔적만 남아 있는 나무였지요.
그런데 그 나무를 그리다 보니
문득 제 마음을 그리고 있더군요.
굽은 줄기, 마른 가지,
그 안에서도 꽃은 필 수 있다는 믿음.
그 마음이 그림 속에 앉았습니다.
처음엔 아무도
그 나무에 다시 꽃이 필 거라 믿지 않았겠지요.
너무 오래 버틴 고목이니까요.
하지만 기다리면, 핍니다.
한 송이마다 세월이 앉은 꽃이 피어납니다.
젊은 나무의 꽃은 눈부시지만,
늙은 나무의 꽃은 향기로 기억됩니다.
버틴 시간이 긴 만큼,
그 꽃은 깊이 피어납니다.

익어간다는 건, 천천히 단단해진다는 것
– 조급함을 내려놓고, 마음이 익어가는 시간

예전에는
빨리 자라고, 빨리 성공하고,
빨리 무언가를 이뤄야 한다고 믿었습니다.
속도가 곧 능력인 줄 알았고,
남보다 앞서야만
가치가 있다고 생각했습니다.
그런데 지금은 다릅니다.
익는다는 건 빠르게 부풀어 오르는 게 아니라,
시간을 두고 천천히 단단해지는 일이라는 걸
이제야 알게 되었습니다.
잘 익은 과일은
빛깔부터 향기까지 다르고,
겉만 그럴듯한 게 아니라
속까지 알차게 차오른 것이더군요.
사람도 마찬가지입니다.
오래 참고, 오래 고민하고,
오래 걸어온 사람에게는
말 한마디, 눈빛 하나에도

깊이가 느껴집니다.
나는 지금, 익어가는 중입니다.
더 이상 조급하지 않고,
더 이상 보여주려 애쓰지 않으며,
그저 하루하루 내 삶을
잘 익혀가고 있습니다.
익는다는 건 멈춰 있는 게 아니라,
속도가 아닌 '깊이'로 나아가는 일입니다.
때로는 말없이 기다리는 것도 배우고,
무언가를 내려놓는 용기도 익히고 있습니다.
그 속에서 나는
조금 더 단단해지고,
조금 더 따뜻해지고 있습니다.
어느 순간부터
'나이 들었다'는 말이
서운하지 않아졌습니다.
그 말 속에
시간이 만든 진짜 힘이
숨어 있다는 걸 알게 되었기 때문입니다.

서인석의 마음 수첩

익는다는 건
천천히, 그리고 깊이 단단해지는 일입니다.
지금 나는, 잘 익어가고 있습니다.

몸이 말해주는 인생의 기록

– 참았던 마음이 몸으로 흘러나와 말을 걸었다

한때는
몸이 정신력으로 버티는 거라고 믿었습니다.
아파도 참고, 지쳐도 못 들은 척하고,
쉴 틈이 생기면 더 바쁘게 움직였지요.
'몸이 약한 건 마음이 약해서'
참고 또 참는 게 어른다운 거라
믿던 시절이 분명 있었습니다.
그런데 어느 순간부터
무릎이 시큰거리고, 숨이 차고,
거울 속 내 얼굴이 낯설게 보이기 시작했습니다.
그제야 깨달았습니다.
아,
이게 몸이 먼저 나한테 말을 거는 거였구나.
"이젠 좀 쉬어도 되지 않겠니."
"그만 좀 무리하자."
그 조용한 말들을
나는 오랫동안 못 들은 척하고 있었던 겁니다.
결정적인 건

심장 시술을 받던 날이었습니다.
"이미 두 달 전 심근경색이 왔었고,
혈관 네 군데가 막혔습니다."
그 말을 듣는 순간,
마음이 덜컥, 멈추더군요.
그동안 그렇게 달려온 시간이
한순간에 멍해졌고,
문득문득 떠오른 건
아내 얼굴이었습니다.
수술실 앞 대기실에서
말없이 제 손을 꼭 잡아주던 그 온기.
그 손 하나에 마음이 무너지고,
또 겨우 붙들어졌습니다.
몸은 참 정직한 존재입니다.
감정을 먼저 알아채고,
나쁜 습관을 고스란히 반영하며,
살아온 시간의 흔적을 하나하나 새겨놓습니다.
언젠가는
그 흔적들이 신호가 되어
나를 다시 멈춰 세웁니다.
그래서 이제는
무리하지 않기로 했습니다.

피곤하면 쉬기로 하고,

몸이 보내는 작은 신호에도 귀를 기울이기로 했습니다.

저녁이면 "오늘도 잘 버텼다."라고

스스로에게 말을 걸고,

아내가 차려준 밥상 앞에서는

조용히 감사의 마음을 되뇝니다.

몸이 먼저 기억하고,

몸이 먼저 고장 나고,

몸이 먼저 회복해 줍니다.

그리고 그 곁엔

언제나 함께 있어준 한 사람이 있었습니다.

제가 말없이 주저앉았을 때도,

숨을 고르며 다시 일어설 때도,

늘 조용히 옆을 지켜준 그 사람.

오늘도

고맙다는 말을 가만히 마음에 담아봅니다.

서인석의 마음 수첩

몸이 아프기 전에 마음부터 돌보라는 말,
이제야 조금 알겠습니다.
그리고 제 옆에 늘 앉아 있던 그 사람에게,
이 말도 전하고 싶습니다.
"여보, 오늘도 고맙습니다."

2,000만 원짜리 인생 수업

– 병실에서 배운 것들

으헉! 이천만 원!
처음 병원비 청구서를 받았을 때,
심장이 다시 고장 나는 줄 알았습니다.
숫자 앞에서 하나둘 동그라미를
손가락으로 세고 있는 저에게
아내가 말했습니다.
"1,600만 원은 건강보험에서 부담한다는데요."
그 순간, 웃음이 나면서도
마음이 참 묘했습니다.
'내가 나라에 그렇게 한 게 있었나?'
평생 방송하며 세금은 꼬박꼬박 냈지만
요즘은 방송도 줄고,
수입도 줄어든 처지였거든요.
그런데도 나라가 저를 살려주었습니다.
그걸 떠올리니 괜히 울컥했습니다.
살아났다면, 나도 뭔가 하나는 해야 하지 않겠습니까.
지금 제가 잘하는 건
사람을 웃게 하는 일,

그리고 노래하는 일입니다.
살아 있는 동안
누군가에게 단 한 번이라도
'울컥'하게 만드는 일.
그게 제 몫이고, 제 사명이라 생각합니다.
세금은 많이 못 내지만
웃음은 정성껏 낼 수 있습니다.
그 순간, 아내 얼굴을 봤습니다.
눈빛 하나로 말하지 않아도 느껴졌습니다.
"살아줘서 다행이야."
고마운 말도, 원망도, 놀람도 없이
그저 담담하게 저를 바라보던 그 얼굴에서
나는 삶의 이유를 다시 찾았습니다.
죽을 뻔하고 살아나고 나니
하루가 그냥 지나가는 법이 없습니다.
말 한마디도, 밥 한 끼도, 노래 한 소절도
모두가 다시 주어진 선물처럼 느껴집니다.
그래서 나는 더 이상 미루지 않습니다.
오늘 전할 수 있는 웃음은 오늘 전하고,
오늘 불러야 할 노래는 오늘 부릅니다.

서인석의 마음 수첩

생명값, 이천만 원.
오늘도 그만큼의 웃음을, 마음 다해 나눕니다.

거울과의 화해
- 괜찮지 않았던 나에게, 괜찮다고 말해준 날

젊었을 땐 거울 보는 게 참 좋았습니다.
머리숱은 풍성했고, 눈빛엔 자신감이 있었고,
세수만 해도 얼굴에 생기가 돌았습니다.
거울 속 내가 괜찮아 보이면
그날 하루도 왠지 든든해졌지요.
"그래, 서인석. 넌 아직 멀쩡하다."
그 말을 스스로에게 건네며
하루를 시작하던 기억이 납니다.
그런데 요즘은,
거울 앞에 서면 가장 먼저 나오는 말이
"누구세요…?"입니다.
익숙한 듯 낯선 얼굴.
눈가의 주름, 둥글어진 턱선, 느릿해진 표정이
내 안에 들어앉아 있습니다.
사진 속 내 얼굴도 낯설게 느껴지고,
젊은 날의 모습이 떠오르면
지금의 내가 한 발 물러서 보이기도 합니다.
한때는 거울을 피하던 시절도 있었습니다.

과거의 얼굴과 지금의 얼굴이 쉽게 겹쳐지지 않았고,
그 차이를 인정하는 게 쉽지 않았습니다.
하지만 지금은 다릅니다.
이제는 매일 거울을 봅니다.
습관처럼, 인사처럼.
그리고 조용히 말을 겁니다.
"그래, 서인석. 수고했다.
여기까지 잘 왔다."
이 얼굴로 울었고,
이 얼굴로 웃었고,
수많은 밤을 견디며 아침을 맞이해 왔습니다.
예전엔 거울에서 '멋'을 찾았지만
지금은 '내력'을 봅니다.
주름 하나에도 사연이 있고,
눈빛 하나에도 지난 시간이 담겨 있다는 걸
이제는 압니다.

서인석의 마음 수첩

거울은 감추는 곳이 아니라
그저 웃어주는 공간이 되었습니다.
오늘도 그 얼굴에게 인사합니다.
"수고했다, 서인석."

늙는다는 건 서두르지 않는다는 뜻
- 시간과 발 맞춰 걷는 삶을 배우는 중입니다

늙는다는 건 단지 나이를 먹는 일이 아닙니다.
조금 덜 서두르게 되는 것,
마음이 먼저 멈추고 돌아보게 되는 것—
그게 진짜 늙는다는 뜻이겠지요.
젊었을 땐 늘 조급했습니다.
무언가를 이뤄야 하고, 남보다 앞서야 살아남는다는
강박 속에 하루하루를 채워 넣었지요.
계획표는 늘 빽빽했고,
하루는 허겁지겁 흘러갔습니다.
SBS '서인석의 가요클럽' 매일 정오 라디오로 시작해서
두세 개의 TV 프로그램을 오가고,
지방 행사와 야간 무대까지…
시간에 쫓기듯 움직이다 보면
문득 이런 생각이 들곤 했습니다.
"나는 지금, 도대체 어디쯤 와 있는 걸까."
몸은 계속 달리는데
마음은 늘 뒤처져 있었고,
시간은 나보다 먼저 가고,

감정은 그 뒤를 헉헉대며 쫓아가고 있었습니다.
그런데 지금은 좀 다릅니다.
차 한 잔을 마시는 시간도,
말 한마디를 건네는 순간도—
이제는 천천히 곱씹게 됩니다.
서두르지 않아도 놓치지 않는다는 걸,
느림이 오히려 더 깊다는 걸
이제는 압니다.
늙는다는 건
단순히 느려지는 일이 아니라
삶이 깊어지는 과정이었습니다.
사람을 만나는 시간이 더 따뜻해졌고,
노래 한 곡의 가사도
더 또렷하게 가슴에 들어옵니다.
짧은 인사에 진심이 느껴지고,
눈빛 하나만 봐도 그날의 마음이 읽힙니다.
예전엔 속도와 효율이 중요했다면,
지금은 온기와 여운이 더 소중합니다.
조금 늦게 걷더라도
옆 사람의 숨소리를 들으며 걷는 것이 더 좋고,
많이 말하지 않아도
진심 담긴 한마디면 충분하다는 걸

알게 되었습니다.

그래서 나는 지금의 '늙음'이 전혀 두렵지 않습니다.

왜냐고요?

이제는 시간과 손을 잡고 함께 걷고 있기 때문입니다.

젊었을 땐 시간이 나를 질질 끌고 다녔다면,

지금은 내가 시간을 기다려줍니다.

그 차이 하나가 제 인생을

훨씬 더 단단하고, 훨씬 더 여유롭게 만들어주었습니다.

그러니 나는 오늘도

조금 느리게, 그러나 훨씬 더 깊게 살아갑니다.

서인석의 마음 수첩

"늙는다는 건 멈추는 일이 아니라,
시간을 친구처럼 곁에 두는 법을 배우는 일이었습니다."

흰 수염과의 동거

– 얼굴 위에 피어난 시간의 흔적

처음 흰 수염을 발견했을 땐
"벌써?"라는 생각이 들었습니다.
아침마다 면도를 하며
한 올, 한 올을 바라보는 일이
이제는 습관처럼 익숙해졌습니다.
예전 같았으면 덜 늙어 보이려고 염색도 해보고,
하얀 수염만 골라 뽑아내기도 했을 겁니다.
그런데 지금은
그 흰 수염이 참 고맙습니다.
살아 있는 세월의 기록이랄까,
무언가를 지켜낸 시간의 증거처럼 느껴지거든요.
흰 수염은 나에게
'이만큼 살아냈다'는 표식입니다.
힘들었던 날도, 버거웠던 시간도
다 지나왔다는 증거지요.
이제는 그 수염 덕에
사람들이 "선배님"이라 불러주고,
후배들이 "형님, 조언 좀 해주세요." 하며

먼저 다가오기도 합니다.
젊었을 땐 젊다는 이유로 무모했고,
그 무모함이 자랑이기도 했습니다.
하지만 지금은 그 무모함 대신
차분함과 경험에서 나오는 배려가
더 어울리는 나이가 되었습니다.
흰 수염은 그렇게 나를 더 조용하게 만들고,
내가 말하기보다 더 잘 들어주는 사람이
되게 해주었습니다.
이젠 수염을 깎을 때마다
이렇게 말하게 됩니다.
"그래, 수고했다. 내일도 잘 부탁한다."

서인석의 마음 수첩

흰 수염은 나를 늙게 만든 게 아니라,
내 삶을 더 따뜻하게 채워주는 동반자가 되었습니다.

건강과 기억, 그리고 유연한 삶
– 기억나지 않아도 괜찮고, 조금 아파도 괜찮은 나이

건강은 노력만으로 지켜지는 게 아니라는 걸,
이제야 조금씩 배워가고 있습니다.
젊었을 땐 운동하고, 영양제 챙기고, 식단도 조절하며
몸을 관리해야 오래 산다고 믿었지요.
하루라도 안 움직이면 불안했고,
무언가 안 하면 건강이 무너질 것 같은
조급함 속에 살았습니다.
그런데 요즘은 조금 다릅니다.
아침에 눈을 떴다는 사실 하나만으로도
기적 같고 감사한 하루가 시작된다는 생각이 듭니다.
"살아 있구나."
이 단순한 한마디가,
어떤 보약보다 더 큰 힘이 됩니다.
건강이란 게 단지 '관리'의 문제가 아니라,
삶을 대하는 '태도'라는 걸 이제는 조금 알겠습니다.
몸을 챙기는 것도 중요하지만,
삶 자체를 귀하게 여기는 마음이야말로
진짜 보약이라는 걸요.

그리고 요즘 들어 제일 유연해진 건… '기억력'입니다.
정확히 말하자면, 기억을 내려놓는 힘이 생겼달까요.
잊은 걸 잊었다는 사실조차 잊을 때가 있습니다.
"그걸 언제 얘기했지?"
"내가 그랬나?"
이런 말이 어느새 자연스럽게 입에서 나옵니다.
예전 같았으면 속상했을 텐데, 지금은 그냥 웃습니다.
"뭐, 매일이 새롭지 뭐."
재미있는 건요,
우리 부부가 둘 다 건망증이 있다는 겁니다.
마누라는 요즘 자꾸 "그거… 그거 있잖아…" 하다가
단어를 끝까지 말 못 하고 넘깁니다.
그런데 신기하게도, 나는 압니다.
그 '그거'가 뭔지.
"응, 알아. 그거 말이지?"
그럼 둘이 동시에 고개를 끄덕이고 웃습니다.
기억력은 줄었지만,
눈빛과 기척, 감정의 톤으로도
충분히 말이 통하는 사이가 되어버렸습니다.
기억을 붙잡고 애태우기보단,
그날그날 잘 웃고, 잘 지내면 된다는 생각이
오히려 마음을 더 가볍게 만들어줍니다.

기억까지 꼭 안고 살기엔 인생이 짧고,
마음 한 자리는 여유롭게 비워두는 게 좋겠더군요.
몸이 조금 아파도 "그래, 너도 고생했지." 하며 다독이고,
무언가 잊었어도 "그래도 오늘 잘 웃었잖아." 하며 웃습니다.
젊었을 땐 체력과 기억력으로 살았다면,
지금은 감사력과 유연함으로 살아갑니다.
버티는 삶보다, 받아들이는 삶.
그게 지금의 나에겐 더 단단하고, 더 나답습니다.

서인석의 마음 수첩

기억은 가물가물해도,
마음은 또렷하게 서로를 기억합니다.
그게 함께 늙어가는 부부의 언어입니다.

앉는 자세 하나로 알게 된 것들

– 무심한 일상이 들려준 몸의 소리

요즘은 앉는 자세부터 달라졌습니다.
예전엔 허리를 꼿꼿이 세우고 어깨도 펴고,
늘 반듯하게 앉는 게 습관이었는데
언제부턴가 배가 나오고, 걷는 것도 뒤뚱뒤뚱.
앉을 때도 한쪽으로 기울거나
등을 벽에 기대는 일이 많아졌습니다.
처음엔 단순히 몸이 불편해서 그런 줄만 알았습니다.
그런데 가만히 돌아보니,
자세 하나에도 마음이 따라가고
내가 세상을 대하는 태도까지도
그 안에 묻어 있더군요.
젊었을 땐 중심 자리에 앉아야 마음이 놓였습니다.
눈에 띄지 않으면 조바심이 났고,
늘 '가운데'를 지키려 애썼습니다.
사람들 틈에서 내가 보이지 않으면
존재감까지 흐려지는 줄 알았습니다.
하지만 지금은 다릅니다.
굳이 정중앙이 아니어도 괜찮고,

말없이 구석에 앉아 있어도
내가 나인 데는 아무 문제가 없습니다.
앉는 자세 하나가
단순한 몸의 균형이 아니라
지금 내 마음이 어디쯤 머무는지를
보여주기도 합니다.
허리를 세운 날은
뭔가를 버텨내야 했던 날이고,
등을 기대는 날은
"오늘은 좀 놓아도 되겠다." 싶은 날입니다.
예전엔 앉는 자리도 계산했습니다.
각도가 잘 나오는지,
조금이라도 멋져 보일 수 있을지를 따졌습니다.
지금은 그럴 필요가 없습니다.
내 몸이 편한 자리,
말없이 등을 뉘일 수 있는 곳이면 됩니다.
예전엔 자세를 바로잡는 게 중요했다면,
지금은 힘을 빼는 연습이 더 소중합니다.
꼿꼿함보다 편안함,
균형보다 여유를 택할 줄 아는 나이가 된 겁니다.
어쩌면 앉는 자세는
삶을 대하는 태도를 보여주는

조용한 거울인지도 모릅니다.
몸이 힘을 빼는 순간,
마음도 조용히 내려앉습니다.
더 이상 서두르지 않아도 되고,
굳이 중심에 서지 않아도 됩니다.
나는 지금도 충분히 괜찮은 사람이라는 걸,
그저 조용히 앉아 있는 자세 하나가
말없이 알려줍니다.

서인석의 마음 수첩

앉는 자세 하나에도,
그 사람의 인생이 묻어 있었습니다.

병원이라는 이름의 거울 앞에서
– 아픈 게 아니라, 참은 것이었다

코로나 이후로 숨이 자주 찼습니다.
'폐가 약해졌나, 배가 나와서 그런가'
그저 그런가 보다 했습니다.
하지만 검사를 받고 나서야 알게 됐습니다.
문제는 폐가 아니라, 심장이었습니다.
몸은 아무 말도 하지 않았고,
나는 그 침묵을 '괜찮다'고 착각했습니다.
그날 이후 병원은
단순히 치료를 받는 공간이 아니라
내가 살아온 시간을 마주하는 거울이 되었습니다.
어디서 무리했는지,
무엇을 너무 오래 참아왔는지,
몸이 대신 말해주는 방이었습니다.
그동안 나는
'지금은 이럴 때가 아니야'
'조금만 더 버티자' 하며
몸이 보내는 신호를 늘 미뤄왔습니다.
수술대에 누워 천장을 바라보는데

묘하게 고요했습니다.
그 고요 속에서 문득
'내가 정말 잘 살아왔을까'
그 질문 하나가 떠올랐습니다.
억눌렀던 감정들이
그 순간 스르륵 올라왔고,
몸과 마음이 동시에 울고 있었습니다.
병원이라는 공간은,
그래서 제게 단순한 '치료'의 장소가 아니라
'성찰'의 공간이 되었습니다.
그리고 다짐했습니다.
앞으로는 내 몸의 말에 귀 기울이며 살자고.
아프기 전에, 미루지 말고 말 걸어주자고.

서인석의 마음 수첩

몸이 아프다는 건,
마음이 너무 오래 참고 있었다는 신호였습니다.

그때의 나는 참 괜찮은 사람이었다
– 나이 들어서야 보이는, 내 인생의 환한 장면들

어느 날 문득, 예전 사진을 꺼내봤습니다.
지금보다 훨씬 말랐고, 눈빛은 반짝였고,
무대 위에 선 내 모습은 참 당당했습니다.
그땐 몰랐습니다.
그 시간이 그렇게 소중한 줄.
늘 바쁘게만 살았습니다.
한 장면, 한 방송, 한 공연에 몰두하며
다음 스케줄에 쫓겨
오늘을 자주 놓쳤습니다.
그런데 지금 돌아보면,
그 바빴던 하루하루가
참 귀한 인생의 장면들이었습니다.
"이제 와서 뭐가 그렇게 좋았냐?"라고 묻는다면
사람들 사이에서 같이 웃고, 같이 울었던 순간들,
누군가의 마음에 닿기 위해
고심하며 썼던 대사들,
웃기려다 결국 내 마음이 더 울컥했던 밤들,
그 시간들이

지금의 나를 만들었습니다.
그리고 나는, 그 시절의 나에게
이 말을 꼭 전해주고 싶습니다.
"넌 참 괜찮았어. 수고했다."
늙었다고 해서
지나간 날들이 흐릿해지는 건 아닙니다.
오히려 나이 들수록
그 장면들은 더 또렷해지고,
그 마음들은 더 깊어집니다.
그래서 요즘도 종종
내 인생의 한 페이지를 꺼내봅니다.
다시 돌아가고 싶어서가 아니라,
그런 날들이 있었기에
지금의 내가 괜찮다고,
그 시절의 내가 자랑스럽다고
조용히, 혼잣말로 말해줍니다.

서인석의 마음 수첩

흘러간 시간에도 품격이 남아 있다면,
그건 내가 열심히 살아낸 날들이었다는 증거입니다.

살다 보면

"이제 좀 알겠다." 싶은 순간이 옵니다.

근데요,

그게 착각이었다는 걸 곧 깨닫게 됩니다.

나이를 먹어도 실수는 여전하고,

익숙하다고 믿었던 사람에게

문득 서운해질 때도 있고,

내 마음조차 낯설게 느껴지는 날이 있습니다.

그래서 나는 지금도

인생에게 배우는 중입니다.

사람과의 거리,

말의 온도,

눈빛에 담긴 마음의 무게까지—

예전엔 흘려보냈던 것들이

제4장

나는
아직도 배웁니다

이제야 눈에 들어옵니다.

늦게 배운 만큼,

더 오래 남는 것도 있습니다.

실수에서 배운 다정함,

부족한 관계에서 배운 겸손함.

이 장은,

그렇게 조용히 배우며 살아가는

중년 이후의 인생 공부에 대한 이야기입니다.

아직도 나는,

배우는 사람으로 살고 있습니다.

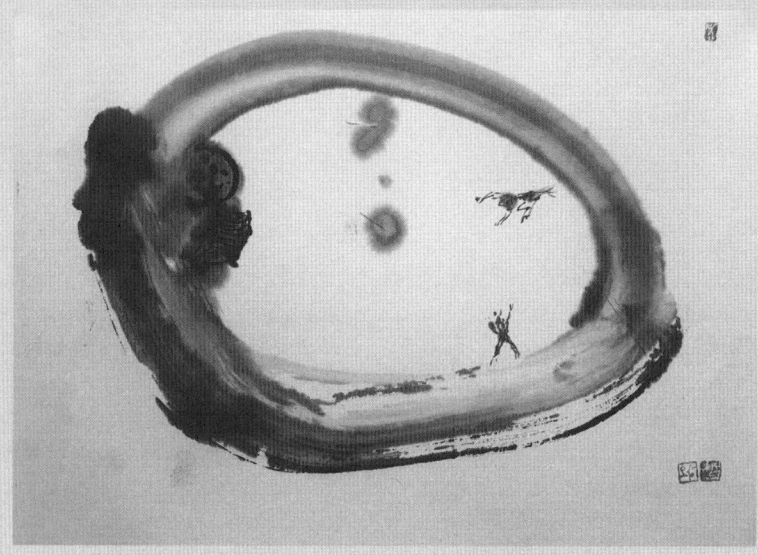

우물 안 개구리 - 서인석

"작았던 세상이 넓어지는 나이,
나는 지금도 배우는 중입니다."

학창 시절, 저는 그림으로 전국 대회 상을 받으며
이병철 호암 미술 장학생이 되었습니다.
그림이 곧 제 길이라 믿었고,
당연히 화가가 될 줄 알았습니다.
붓을 잡는 게 자연스러웠고,
그림 그리는 시간은
세상과 조용히 마주하는 순간이었지요.
그런데 웬걸요.
운명은 저를 전혀 다른 길로 이끌었습니다.
그림 대신 마이크를 잡고
무대 위에서 사람들을 웃기는 개그맨이 되었죠.
웃음이 제 직업이 되고
무대가 삶의 중심이 되면서
그림은 서서히 제 곁에서 멀어졌습니다.
그러다 60이 되던 해,
조용히 속삭이는 마음을 들었습니다.
"그림… 다시 그려볼까?"
그렇게 다시 붓을 들었고,
손끝은 여전히 익숙했습니다.
그림은 저를 기다리고 있었던 듯,
조용히 말을 걸어왔습니다.
그림은,
나를 다시 시작하게 한
두 번째 무대였습니다.

나이를 먹는다는 건, 거듭나는 일이다
– 다시 시작할 수 있다는 믿음

젊었을 땐 '늙는다'는 말이 두려웠습니다.
무언가가 끝난다는 의미처럼 느껴졌거든요.
몸이 약해지고, 주름이 늘고,
무대에서 밀려나고, 존재가 잊히는 일.
그게 늙는 거라고 생각했죠.
그런데 살아보니, 아니더군요.
나이를 먹는다는 건
단순히 나이만 더해지는 게 아니었습니다.
오히려 하나씩 덜어내고 비우고,
그 자리에 새로운 내가 들어서는 일이었습니다.
사람 관계도, 습관도,
예전엔 죽어도 못 고칠 것 같던 내 성격도
이상하게 나이가 들수록 조금씩 달라졌습니다.
예전보다 말을 아끼게 되고,
남 탓보다 내 몫을 돌아보게 되고,
무엇보다 내 감정을
내가 먼저 알아차릴 수 있게 되었죠.
그게 나는 '거듭남'이라고 느껴졌습니다.

아예 다른 사람이 되는 게 아니라,
시간을 통과한 나로 다시 태어나는 느낌.
그러니 이 나이쯤 되면
예전의 나에게 고맙고,
지금의 나에게도 괜찮다고 말해주고 싶습니다.
누구는 나이 먹는 걸 '내리막'이라고 하지만,
이렇게 말하고 싶습니다.
나이를 먹는다는 건,
새롭게 나를 세우는 또 한 번의 출발이라고요.

서인석의 마음 수첩

늙는다는 건 사라지는 일이 아니라,
다시 나로 거듭나는 과정이었다.
그래서 지금의 내가 참 괜찮다.

나를 돌보는 연습

– 혼자 살아낸 게 아니라, 곁이 되어준 사랑 덕분이었습니다

혼자 있는 시간이 길어지면
문득 '이젠 나도 늙었구나' 싶은 순간들이 찾아옵니다.
사람들이 하나둘 곁을 떠나고
무대도, 조명도, 카메라도 점점 멀어지면서
나는 나 자신을 돌보는 법을
조용히 다시 배워가게 됩니다.
예전엔 누군가 날 챙겨주는 게 '돌봄'인 줄 알았습니다.
아플 때 약 챙겨주고,
속상할 땐 옆에 있어주는 것.
그런데 나이 들수록 알게 됩니다.
진짜 돌봄은, 함께 있어주는 그 존재 하나만으로
이미 충분하다는 걸요.
그리고 그 곁에
언제나 조용히 있어준 사람이 있습니다.
말 많지 않지만 마음 깊은 사람,
내 하루의 무게를 말없이 덜어준 사람.
제 아내입니다.
혼자라고 느껴질 때마다

사실은 늘 같이였다는 걸
아내 덕분에 알게 되었습니다.
누구나 혼자 살아가야 할 시간이 옵니다.
그런데 그 혼자됨이 외로움이 아니라,
'함께했던 기억들로 채워진 시간'이라면
그건 더 이상 두려운 순간이 아닙니다.
지금의 나는
내가 나를 돌보는 연습을 하면서도,
그 연습 속에
아내가 건넸던 말 한마디,
마주 보던 눈빛 하나가
얼마나 큰 힘이었는지 매일 깨닫습니다.
내가 버틴 게 아닙니다.
그녀가 내 곁에 있어준 겁니다.
누군가의 진심이,
누군가의 기다림이,
내 오늘을 살게 만든 겁니다.
사람은 혼자 살아가는 존재가 아닙니다.
누군가의 온기가,
매일을 다시 살게 만드는 연료가 됩니다.

서인석의 마음 수첩

혼자 잘 산 게 아니었습니다.
내 옆에 늘 같이 있어준 아내,
그 반려자의 사랑이
나를 끝까지 지켜준 힘이었습니다.

나는 정치 코미디언이었습니다

– 웃음으로 세상을 찌르고, 마음으론 그들을 안아준 시간

정치 코미디를 참 오래 했습니다.
1991년, 故 김형곤 선배와 함께한 KBS에서 풍자 코미디
〈꽃피는 봄이 오면〉으로 신인상을 받았고,
1992년에는 SBS 〈코미디 모의국회〉로
창사공로상을 받았습니다.
그 이후로도 방송에서, 신문에서, 책 속에서
웃음을 무기로 세상을 찔러보려는 노력을
멈춘 적이 없습니다.
지금 돌이켜보면,
제가 이렇게까지 정치 풍자 코미디를
계속해 올 수 있었던 데엔
두 분의 선배님이 계셨기 때문입니다.
바로 故 김형곤 선배,
그리고 제게 코미디의 본질이 무엇인지 삶으로 보여주신
故 이주일 선배님입니다.
두 분 모두 저를 친동생처럼 아껴주셨고,
삶의 태도에서부터 무대 위의 자세까지
말없이 많은 가르침을 주셨습니다.

특히 이주일 선배님과의 인연은
지금도 제 마음속에 아주 진하게 남아 있습니다.
제가 1990년 KBS 코미디 탤런트 선발대회
(대학 개그 콘테스트 전신)에 참가했던 시절,
선배님의 성대모사로 금상을 수상했고
그게 인연이 되어 개그맨의 길을 걷게 되었습니다.
선배님이 국회의원이 되셨을 때에도
나는 곁에서 그분의 코미디 철학과 인간적인 모습을
지켜볼 수 있었습니다.
한번은 조심스레 여쭌 적이 있습니다.
"선배님, 왜 그렇게 잘나가시던 코미디를 두고
정치로 가셨습니까?"
그분은 특유의 너털웃음을 지으며 말했습니다.
"그땐 그 길로 가야만 할 것 같았어.
세상이 웃을 수 있어야
정치도 제대로 돌아간다고 믿었거든."
그리고는 잠시 후 이렇게 덧붙이셨습니다.
"인석아, 근데 말이다…
그놈들은 나보다 더 웃긴 놈들이야."
결국 선배님은 정치계를 떠나셨고,
"코미디 한 수 잘 배우고 간다."라는 말을 남기셨습니다.
그 말 속엔 쓸쓸함도, 통찰도,

그리고 특유의 유쾌함도 담겨 있었습니다.
세상을 향해 유쾌하게 질문을 던지는 사람,
무대 위에서 현실을 비틀되,
가슴은 따뜻한 사람.
그게 제가 기억하는 이주일 선배님의 진짜 모습입니다.
그분은 무대 위에서 웃음을 쏟아내며
그 웃음 뒤에 묻혀 있는
사회의 부조리와 아픔까지 건드리는 사람이었습니다.
풍자라는 건 결국,
세상이 너무 슬퍼서 웃지 않고는 견딜 수 없을 때
나오는 것이니까요.
이제 두 분 모두 제 곁엔 안 계시지만
그분들의 코미디는, 그리고 살아가는 방식은
제 안에서 여전히 살아 있습니다.
제가 지금도 웃음을 이야기하며,
조금은 무겁고 복잡한 현실을 농담처럼 다뤄보려는 이유는
그분들의 뒷모습을 아직도 기억하기 때문입니다.
코미디언으로 살면서 제가 누렸던 가장 큰 복은
그분들과 함께 웃을 수 있었던 그 시간이었습니다.

서인석의 마음 수첩

풍자는 아프기 때문에 웃는 방식이고,
나는 그 웃음을 평생 업으로 삼았습니다.

배우는 사람은 늙지 않는다

– 배운다는 건, 삶 앞에 진심으로 서보는 일입니다

아직도 배우는 중입니다.
예순을 넘긴 지금도— 아니, 오히려 지금이 더 그렇습니다.
세상은 여전히 새롭고, 낯선 것도 많고,
궁금한 것도 참 많습니다.
젊은 사람들의 말투 하나, 유행하는 노래 한 곡,
카톡 끝에 붙는 이모티콘 하나에도
그들만의 정서와 의미가 담겨 있더군요.
그걸 그냥 지나치지 않습니다.
"그건 무슨 뜻이냐?", "야, 나도 좀 알려줘라"—
이렇게 묻는 게 이젠 부끄럽지 않습니다.
예전에는 "요즘 애들은 말이야"로 시작하던 사람이었는데,
지금은 묻고 배우는 쪽이 마음이 더 편합니다.
배우는 사람은 살아 있는 사람이고,
배우려는 마음을 가진 사람은 쉽게 늙지 않습니다.
가르치려 들지 않고, 모른다고 말할 수 있는 용기—
그게 지금의 저를 더 유연하게, 더 다정하게 만들어줍니다.
젊었을 땐 '잘 산다'는 말이
'더 많이 가져야지', '남보다 앞서야지'라는 뜻이었습니다.

이름값을 올리고, 인정을 받고, 박수를 받는 게
잘 사는 거라고 믿었죠.
하지만 지금은 다릅니다.
내가 오늘 하루를 얼마나 진심으로 살아냈는지,
그게 훨씬 더 중요합니다.
누가 알아주지 않아도 괜찮습니다.
내가 내 삶 앞에 떳떳하면 됩니다.
남의 눈치를 보기보단,
내 마음에 고개를 끄덕일 수 있는 하루—
그게 진짜 잘 사는 하루 아닐까요?
그래서 나는 지금도 배웁니다.
사람에게 배우고, 시간에게 배우고,
때론 실수에게도 배웁니다.
삶은 가르치려는 사람보다
끝까지 배우려는 사람에게 조금 더 문을 열어줍니다.
그래서 나는 아직도 메모를 합니다.
노랫말이 떠오르면 얼른 적어두고,
후배의 말 한 줄도 곱씹어 보고,
아내가 건넨 짧은 말에서 또 하루를 배우기도 합니다.
이제는 무대가 없어도 괜찮습니다.
명함을 내밀지 않아도, 소개받지 않아도 괜찮습니다.
내 하루가 부끄럽지 않다면, 그걸로 나는 충분합니다.

배우고, 웃고, 그리고 진심으로 하루를 살아내는 것—
그게 지금 제가 바라는 삶의 전부입니다.

서인석의 마음 수첩

가르치려 들면 마음이 닫히고,
배우려 하면 인생이 다시 열립니다.

시간이 주는 선물은 설렘과 이해였다
- 사랑을 오래 품고 나서야, 이해라는 선물이 따라왔다

시간이 내게 건넨 가장 따뜻한 선물은
'이해'였습니다.
젊었을 땐 "억울하다."라는 말을 참 많이 했습니다.
불편한 말을 들으면 마음보다 화가 먼저 올라왔고,
억울한 상황에선 곧장 남 탓을 했습니다.
"왜 나한테만 이러는 거야?"
그 말이 입버릇처럼 따라붙었고,
마음속 감정들은 쉽게 풀리지 않았습니다.
그런데 지금은 다릅니다.
이제는 압니다.
그 사람도 사정이 있었겠지.
그 말도, 그 표정도—
그땐 그것밖에 할 수 없었던 진심이었겠지.
그렇게 이해하게 되니 마음이 풀렸습니다.
미움은 줄고, 상처는 부드럽게 꺾였습니다.
오래 묵힌 앙금 하나보다,
"그럴 수도 있지." 하는 말 한마디가
사람을 훨씬 더 따뜻하게 만든다는 걸

나는 시간에게 배웠습니다.
그리고 놀랍게도, 이 나이에도
아직도 가슴 뛰는 순간이 있습니다.
누군가 내게 "선배님, 기다렸어요." 하면
심장이 다시 콩닥콩닥 뛰기 시작합니다.
새 노래가 완성되었을 때,
내가 쓴 노래가 어딘가에서 흘러나올 때—
마음 속 오랫동안 잠들어 있던 소년이
조용히 눈을 뜹니다.
시간은 흘렀고 겉은 변했지만
속은 여전히 설렘을 기억하고 있었습니다.
마음까지 늙는 건 아니더라고요.
그래서 요즘은
차 한 잔도 천천히 마십니다.
말 한마디도 그냥 흘려보내지 않고
오래 곱씹어 봅니다.
예전엔 시간에 쫓겨
하루가 어떻게 흘러갔는지도 몰랐지만—
지금은 마음의 속도에 맞춰
조용히 하루를 걸어갑니다.
조금 느려도 괜찮다고,
멈춰서 바라보는 풍경이 더 아름답다고

생각하게 되었습니다.
늙는다는 건
단순히 느려지는 일이 아니라,
더 깊어지는 일이라는 것을
나는 지금에서야, 천천히 배워가고 있습니다.
그래서 나는 오늘도,
조금 느리게, 그러나 진심으로
하루를 살아가고 있습니다.

서인석의 마음 수첩

시간은 내 속도를 늦춰주었고,
그 덕분에 나는
조금 더 따뜻한 마음으로
세상을 바라볼 수 있게 되었습니다.

내 인생은 지금도 녹음 중이다
– 마침표가 아닌 쉼표로 사는 법

한 줄 노랫말처럼 인생도 그렇게 흘러갑니다.
처음엔 빠르게 달렸습니다.
숨이 차도 멈추지 않았고,
뒤돌아볼 틈도 없이 앞만 보고 내달렸습니다.
그다음엔 후렴처럼 비슷한 날들이 이어졌습니다.
어제와 같은 오늘, 오늘과 비슷한 내일을 살며,
무대와 방송을 오가고,
익숙한 스케줄 속에서 익숙하지 않은 긴장을 반복했습니다.
그리고 지금은,
한 소절 한 소절 조심스럽게 음미하며 살아갑니다.
속도는 줄었지만, 마음은 더 단단해졌고,
하루라는 곡을 천천히 눌러가며 불러내는 중입니다.
처음엔 꿈을 좇아 달렸습니다.
코미디언이 되겠다고, 사람들을 웃기겠다고 마음을 먹었고,
젊음의 기세를 몰아 무대 위를 뛰었습니다.
방송국 계단을 뛰어오르며 대본을 외우고,
조명 아래서 터지는 박수에 목소리를 얹어
제 인생을 던졌습니다.

그때는 그게 전부였고, 충분했습니다.
하지만 지금은 달라졌습니다.
이제는 조용한 녹음실에 혼자 앉아
한 음 한 음 눌러가며 노래하듯,
제 하루도 그렇게 부드럽게 눌러가며 살아갑니다.
그 노래가 바로 제 인생이었고,
제가 만든 노래이자, 제가 부른 인생이었습니다.
그 안엔 기쁨도 있었고, 울컥한 감정도 있었고,
때로는 어긋난 박자처럼 삑사리도 있었습니다.
그런데 돌아보면,
그 모든 순간이 결국
다음 소절을 위한 전주였다는 걸 알게 됩니다.
삑사리까지도, 인생의 흐름 속에선
빠질 수 없는 소리였던 겁니다.
아직도 나는 녹음 중입니다.
누가 듣든, 안 듣든, 상관없습니다.
제 마음을 한 줄씩 남깁니다.
말 한마디로, 노래 한 소절로, 글 한 줄로.
그게 누군가에게 위로가 된다면,
그 한 사람의 마음을 어루만질 수 있다면,
그걸로 나는 충분합니다.
"이제 늙었잖아요."

그런 말을 종종 듣습니다.
그럴 때면 나는 그냥 웃습니다.
"그래도요, 아직 녹음 중입니다."
왜냐고요?
내 노래가 누군가의 마음을 건드릴 수 있다면,
그건 여전히 청춘인 거니까요.
열정은 주름을 몰라보고,
용기는 흰머리를 따지지 않습니다.
청춘이란 숫자가 아니라,
가슴 안에서 꺼지지 않는 불꽃입니다.
그리고 나는 그 불꽃을 끄지 않기 위해,
오늘도 쓰고, 부르고, 살아갑니다.
그렇게 매일을 녹음하듯
정성껏 불러가고 있습니다.

서인석의 마음 수첩

빽사리가 나도 괜찮습니다.
중요한 건,
내 인생의 녹음을
내가 멈추지 않는다는 사실입니다.

고요 속에서 펜을 든 사람

- 소란한 세상에서 조용히 나를 지키는 법

요즘은 말보다 글이 더 마음을 편안하게 해줍니다.
예전엔 내가 떠들던 사람이었고,
누구보다 크게 웃기던 사람이었는데
이제는 조용히 글을 쓰고 있는 나 자신이
낯설면서도 고맙습니다.
방송이 없던 날, 무대가 줄어든 어느 날,
나는 아무도 없는 골방에 앉아 펜을 들었습니다.
처음엔 뭘 써야 할지도 몰랐습니다.
그냥 오늘 하루, 별일 없었다는 걸 적어두는 것만으로도
그날은 이상하게 마음이 정리됐습니다.
누군가와 다투고 난 뒤,
미처 못다 한 말을 글로 적고 나면
괜히 그 사람이 조금은 이해가 되기도 했고요.
펜을 든다는 건, 나를 한번 돌아보는 일 같았습니다.
말은 상황을 넘기기 위해 쉽게 나오지만,
글은 마음을 내려다보지 않으면 써지지 않더군요.
그래서 요즘은, 조용한 시간을 좋아합니다.
음악도 끄고, 휴대폰도 멀리 두고,

그냥 나 혼자, 나에게 말을 거는 시간.
사람이 많을 때보다,
혼자일 때 더 많은 이야기가 흘러나오는 법입니다.
그 이야기를 흘려보내지 않기 위해,
나는 펜을 듭니다.

서인석의 마음 수첩

소란한 세상에서도,
고요하게 나를 지키는 법을 나는 배워가는 중입니다.

한때는 무대 위가 전부였습니다.

불이 켜지고, 박수가 쏟아지고—

그 안에서 나라는 사람의 존재를

매 순간 증명하며 살았습니다.

관객의 웃음이

내 심장 소리처럼 느껴졌고,

카메라 앞에서 흘리던 땀이

내 삶의 의미 같았습니다.

하지만 어느 순간,

조명은 꺼지고

관객석은 조용해졌습니다.

처음엔 참 막막했습니다.

'이제 나는 어디로 가야 할까'

그 질문 앞에서 멈춰 섰지요.

그런데요,

제5장

무대에서 내려와도, 인생은 계속된다

무대에서 내려왔다고
인생까지 끝난 건 아니었습니다.
작은 골방에서도,
밥상머리에서도,
나는 여전히 누군가에게
이야기를 건네고 있었습니다.
무대는 줄었지만
마음은 더 깊어졌고,
말은 더 진심을 품게 되었습니다.
이제는 조용한 무대 위에,
예전보다 천천히,
그러나 더 따뜻하게
다시 서보려 합니다.
그게 지금,
내가 배우는 인생의 다음 장입니다.

빙글빙글 - 서인석

"무대는 끝나도, 나의 이야기는 계속 빙글빙글 돌고 있다."

한때는 무대가 제 전부였습니다.
조명이 켜져야 살아 있는 느낌이었고,
관객의 웃음이 저를 증명해 주는 유일한 방법이었죠.
하지만 무대에서 내려온 뒤,
그 자리에서도 여전히
제 이야기는 조용히 빙글빙글 돌고 있더군요.
그 마음에서 붓을 들었습니다.
웃음을 주는 일은 끝났어도,
누군가의 기억 속에서
나는 여전히 '돌아가는 사람'으로 남고 싶었습니다.
잊히지 않아도 좋고,
떠오르지 않아도 좋습니다.
그저 어느 날 문득—
마음 한편을 한 바퀴 돌아주는 사람.
그게 지금, 제가 그리고 싶은 삶이고
이 그림에 담긴 제 이야기입니다.

인생은 리듬짝 뽕짝

- 내 무대였고, 내 노래였고, 내 삶이었습니다

음악처럼 살고 싶었습니다.
리듬을 타듯, 박자에 맞춰 고르고 예쁘게.
누가 들어도 조화롭고, 누구 눈에도 보기 좋게.
불협화음 없이 흘러가는 곡처럼
그렇게 살아가고 싶었습니다.
그런데 살아보니,
인생은 악보대로 흘러가지 않더군요.
박자에 자꾸 늦고,
가사도 중간에 까먹고,
음정은 흔들리고,
삑사리에 마음이 휘청이기도 했습니다.
하지만 지금 돌이켜 보면,
그게 바로 인생이더라고요.
한 소절쯤 틀려도 괜찮고,
중간에 삑사리 나도 괜찮고,
관객이 줄어도, 박수가 없어도
그 무대 위에 진심이 담겨 있다면
그건 분명히 좋은 노래였습니다.

요즘은 제가 만든 노래를
제가 직접 부르기도 합니다.
진심을 담아 불러도, 사람들은 웃습니다.
처음엔 서운했습니다.
"이 노래, 진심인데 왜 웃지?"
그런데 이제 압니다.
그 웃음 안엔 울컥함이 숨어 있었다는 걸.
내가 걸어온 길과
삼켜왔던 눈물과
참아왔던 고통이
노래 속 어딘가에 조용히 스며 있었던 겁니다.
아마 그걸 알아주는 사람들만이
웃을 수 있었던 거겠지요.
나는 개그맨입니다.
사람들을 웃긴 다음엔
그 웃음 속에 눈물 한 방울을 넣는 것—
그게 제 방식이었습니다.
내 무대였고, 내 노래였고, 내 삶이었습니다.
그래서 오늘도 노래합니다
리듬짝 뽕짝~ 인생에 정답은 없습니다.
누구는 박자대로 살고,
누구는 박자를 어깁니다.

누구는 가사를 외우고,
누구는 자꾸 잊습니다.
그래도 괜찮습니다.
진심이 있다면,
그건 멋진 인생곡입니다.
중간에 멈췄다가 다시 불러도 괜찮고,
삑사리가 나도 괜찮고,
무대에서 내려가지 않는 한,
이 노래는 계속됩니다.
우리의 인생도, 계속됩니다.

서인석의 마음 수첩

삑사리는 창피한 게 아닙니다.
그건 지금도 살아 있다는 증거입니다.
리듬짝 뽕짝~ 인생은 애드리브가 제일 맛있습니다.

무대가 사라져도, 나는 남는다
– 마이크 없이도 이어지는 내 인생

무대는 언제나 반짝였습니다.
조명이 켜지고, 박수가 터지고, 웃음이 흐르던 그 순간들.
그 안에서 나는 존재했고,
살아 있다는 걸 온몸으로 느꼈습니다.
관객이 웃으면 기뻤고,
반응이 없으면 밤잠을 설쳤지요.
그게 개그맨의 운명이었고,
나는 그 무대를 오래도 살아냈습니다.
무대에서 내려온다는 건
단순히 일이 줄었다는 뜻이 아닙니다.
박수가 잦아들고, 이름이 잊히고,
기억에서 지워지는 일이기도 합니다.
예전 같았으면 견디기 힘들었을 겁니다.
"이제 나도 끝인가…."
그 말이 목구멍까지 올라온 적도 있었으니까요.
하지만 지금은 다릅니다.
무대가 사라져도
나는 여전히 살아 있고, 나로 남아 있습니다.

조명이 꺼졌다고 인생이 끝나는 건 아니더라고요.
오히려, 이제야 비로소 '진짜 나'를 마주하게 되었습니다.
무대 밖에서, 카메라 없이,
조용히 후배 무대를 지켜보는 나.
그 모습이 요즘 더 좋습니다.
무대 위에선 하지 못했던 이야기들이
이제는 노래로, 글로 천천히 흘러나옵니다.
살아보니 결국 중요한 건 '사람'이었습니다.
내 노래를 들어주는 사람,
내 말을 끝까지 들어주는 사람,
내 인생을 기억해 주는 단 한 사람.
그 한 사람만 있다면,
그 순간이 곧 무대입니다.
요즘도 누가 묻습니다.
"선생님, 요즘은 뭐 하세요?"
나는 웃으며 대답합니다.
"아직도 무대에 서 있어요. 글로, 노래로, 이야기로요."
무대는 사라진 게 아니라,
형태만 바뀐 겁니다.
관객은 줄었지만,
그 안엔 '진짜 나'를 기다리는 이가 있습니다.
그리고 제일 중요한 건,

그 무대를 내가 즐기게 되었다는 사실.
지금도 매일 아침,
내가 쓴 노랫말을 읊조려 봅니다.
웃기고 싶었던 시절의 흔적이 묻어 있고,
아내를 향한 말 못 한 고백도 고스란히 담겨 있습니다.
그 모든 순간이 무대에서 내려온 나를
지탱해 주는 버팀목이 됩니다.
그래서 나는 오늘도 당당히 말합니다.
"무대는 사라졌어도, 나는 남는다."
이제는 관객이 없어도 괜찮습니다.
내 인생의 박수는, 내 마음이 쳐주는 것이니까요.
무대가 내 존재를 증명하던 시절은 끝났지만,
이제는 내가 나를 증명하며 살아갑니다.
무대는 줄었고, 박수는 적어졌지만
진심은 깊어졌고, 울림은 더 커졌습니다.

서인석의 마음 수첩

무대가 사라졌다고 내가 사라진 건 아닙니다.
삶이 진심이었다면,
그 자체로 무대는 계속되고 있습니다.

내 무대가 끝나지 않는 이유

– 박수보다 진심으로 남는 장면

가끔 사람들이 묻습니다.
"선배님, 아직도 무대에 서세요?"
그럴 때 나는 웃으며 대답합니다.
"그럼요. 무대는 줄었지만, 제 마음은 더 커졌습니다."
예전에는 큰 스튜디오, 환한 조명,
수백 명의 관객 앞에서 마이크를 잡았습니다.
카메라가 돌고, 대본이 있고,
모든 게 완벽하게 짜인 무대였습니다.
하지만 지금은 다릅니다.
조명은 소박하고, 관객은 몇 명 안 되지만
그 무대가 오히려 더 따뜻합니다.
누가 시키지 않아도
나는 여전히 무대에 서고 싶습니다.
누가 박수를 치지 않아도
내 마음이 박수를 쳐주기 때문입니다.
어떤 날은
낭독회처럼 내 글을 읽는 무대가 되고,
어떤 날은

한 사람을 위해 노래를 부르는 작은 무대가 됩니다.

그리고 더 자주,

내가 나를 위로하는 무대가 됩니다.

그 무대에선 실패도, 실수도, NG도 괜찮습니다.

어쩌면 지금이야말로

진짜 내가 서야 할 무대인지도 모르겠습니다.

누군가에게 작은 위로가 될 수 있다면,

한 사람의 마음이라도 움직일 수 있다면,

그걸로 충분합니다.

이제는 사람을 웃기는 게 목적이 아니라,

사람에게 말을 거는 게 더 중요해졌습니다.

무대는 줄었지만,

내 안의 진심은 더 커졌습니다.

그래서 나는 오늘도,

마이크 없이도 무대에 오릅니다.

관객이 없더라도, 내 마음이 박수를 쳐줍니다.

서인석은 아직도 무대에 서 있습니다.

다만 그 무대는

조명이 아니라 진심으로,

대사가 아니라 삶으로 빛나는 무대입니다.

서인석의 마음 수첩

무대에서 내려온 순간부터,
나는 진짜 내 인생의 주인공이 되었습니다.

서인석은 아직도 무대에 서 있다

– 방송보다 마음이 빛나는 순간

욕심이 조금씩 줄어드니,
이상하게 눈물이 많아졌습니다.
예전엔 뭘 더 가져야 할까,
어떻게 해야 더 인정받을까,
그 생각만으로 하루를 채우며 살았습니다.
무대 위에 서는 이유도 단 하나였습니다.
더 잘돼야 하니까,
더 박수받아야 하니까,
더 웃겨야 살아남으니까.
그래서 늘 긴장했고,
절대 주눅 들어선 안 된다는
강박 속에 살았습니다.
무대에서 반응이 없으면
그게 곧 내 존재를 부정당하는 것처럼 느껴졌고,
누구보다 큰 소리를 내야
살아 있는 것처럼 느꼈던 시간들이 참 많았습니다.
하지만 어느 순간부터
조금씩 달라지기 시작했습니다.

남이 잘되면 기분이 좋아지고,
남이 아프면 눈물부터 먼저 났습니다.
아, 이게 비워낸 자리의 따뜻함이구나—
그제야 알게 되었습니다.
내 안의 욕심을 하나씩 내려놓고 나니,
그동안 보지 못했던 얼굴이 보이고,
마음이 보이기 시작했습니다.
예전엔 가득 채워야 했던 사람인데,
지금은 조금 덜어내고 나서야
비로소 '충만함'이 뭔지 알게 되었습니다.
그동안 꾹 참고 버텼던 울음도,
사실은 나를 지켜준 것이었구나 싶었습니다.
웃음이 직업이었던 시절,
무대 뒤에서 몰래 울던 날도 많았지만,
다음 날이면 아무렇지 않은 얼굴로
또 무대에 올랐습니다.
그게 내 일이었고,
내 방식이었고,
내 철학이었습니다.
그리고 이제는 압니다.
무대란 꼭 박수와 조명으로만 이루어지는 게 아니더라고요.
진심이 닿는 그곳,

내 이야기를 들어주는 단 한 사람이 있다면,
그 순간이 바로 무대입니다.
관객이 없어도 괜찮습니다.
카메라가 꺼져 있어도 상관없습니다.
나는 지금도
누군가의 마음 앞에 조용히 서 있습니다.
그리고 여전히 속으로 외칩니다.
"서인석은 아직도 무대에 서 있다."라고.

서인석의 마음 수첩

무대는 사라져도 괜찮습니다.
진심이 닿는 곳이라면,
그곳엔 언제나 조명이 켜집니다.

마이크 하나, 진심 하나

- 웃음은 기술이 아니라, 마음이었다

1990년, 서울 신사동 사거리.
우리나라 최초의 스탠딩 코미디클럽이 생겼습니다.
김형곤 선배가 만들었고,
나는 그 무대 위에 선 첫 번째 코미디언 중 하나였습니다.
그때는 인터넷도 없었고, 유튜브도 없었으며,
참고할 교재도, 사례도 없었습니다.
그저 매일 밤, 맨몸으로 부딪치며
무대 위에서 배우고, 무대 아래서 울며 다시 올라섰습니다.
마이크 하나.
그게 전부였습니다.
마이크 하나 들고 서는 순간,
관객과의 진검승부가 시작됐습니다.
정통 코미디는 대본을 따라가지만,
스탠딩 코미디는 살아 있는 생물입니다.
같은 소재라도 누가 하느냐,
어떤 관객이 앉아 있느냐에 따라
그날 무대의 온도는 전혀 달라집니다.
이건 기술이 아닙니다.

감각이고, 감각은 훈련된 용기입니다.
나는 30년 넘게 이 바닥을 살아오며,
그걸 뼈로 배웠습니다.
관객의 눈빛은 말합니다.
"그래, 얼마나 웃긴지 한번 보자고."
그 벽을 깨는 첫 번째 기술은, 낮아지는 것입니다.
나는 그들의 일상 속으로 내려갑니다.
허점을 찾고, 웃음의 틈을 찾아 찔러보고,
공감을 던지고, 반전을 얹습니다.
그제야 비로소
웃음이라는 밥이 입에 들어가기 시작합니다.
웃음은 그냥 터지지 않습니다.
설계된 공감, 계산된 감정,
그리고 진심이 담긴 타이밍—
그 세 가지가 딱 맞아떨어졌을 때
비로소 한 줄의 농담이 살아납니다.
코미디는 결국,
사람을 웃기기 위해
사람을 끝까지 관찰하고, 기다리는 사람의 기술입니다.
그건 기술자이자 예술가의 직업입니다.
아니요, 사람의 마음을 움직이는 직업입니다.
얼마 전, 박나래 후배가 넷플릭스에서

스탠딩 코미디를 다시 꺼내 들었습니다.
고맙고 반가웠습니다.
다시 누군가 이 무대를 살리고 있다는 사실이
정말 눈물 나게 좋았습니다.
스탠딩 코미디는 장치가 없습니다.
마이크 하나, 진심 하나.
그것만 가지고 무대에 오르는 사람.
그게 바로, 진짜 개그맨입니다.
그리고 그 진심 뒤엔,
무대 밖에서 묵묵히 내 옆을 지켜준
내 아내가 있었습니다.
그녀가 있었기에
나는 그 치열한 전쟁터에서
무대를 포기하지 않고
매일 다시 설 수 있었습니다.

서인석의 마음 수첩

웃음을 던지기 위해
나는 매일 맨몸으로 무대에 섰습니다.
그 한 줄의 웃음이,
누군가의 하루를 바꾸길 바라는 마음으로.

내 인생의 무대는 아직 방송 중입니다

– 인생 전체가 이어지는 한 편의 쇼

지금도 신인처럼 살고 있습니다.
데뷔 무대를 밟던 그날처럼,
아직도 마음이 조용히 떨립니다.
예전엔 그게 '살아남기 위한 태도'였습니다.
항상 긴장하고, 절박해야
이 바닥에서 오래 버틸 수 있다고 믿었지요.
그런데 지금은 다릅니다.
그 초심이야말로
내 삶을 늙지 않게 해주는 유일한 힘이라는 걸
이제는 압니다.
지금은 방송 제작자라는 이름으로,
작사가라는 이름으로 살고 있지만
그 모든 일의 본질은 결국
'마음을 움직이는 일'입니다.
녹음실 문을 열 때면
두 손을 모아 조용히 기도합니다.
"오늘 이 한 곡이,
누군가의 마음을 울릴 수 있기를."

무대에 오르는 가수보다
더 떨리는 마음으로
나는 단어 하나, 숨소리 하나를 붙잡습니다.
그 속에 사람의 인생이 담길 수 있다는 걸
알기 때문입니다.
요즘 제 무대는
작은 골방일 수도 있고,
조용한 대기실일 수도 있습니다.
카메라는 없고, 조명은 흐릿해도
그곳이 누군가의 마음에 닿는 순간이라면—
그곳이 바로 제 무대입니다.
누군가의 평범한 하루 속에
제 노랫말 한 줄이 스며들 수 있다면,
그게 지금 제가 서야 할 무대입니다.
무대는 줄어도 괜찮습니다.
내 진심이 닿는 곳이면 어디든, 그곳이 내 무대입니다.
오늘도 나는 컴퓨터 앞에서 또 한 곡을 씁니다.
방송이란 결국, 사람을 담아내는 예술입니다.
노래도, 무대도, 영상도
결국은 마음의 편지이니까요.

서인석의 마음 수첩

무대는 줄어도 괜찮습니다.
나는 여전히 내 인생의 방송을,
내 손으로 연출하고,
내 말로 작사하고 있습니다.

내 인생, 마누라 다음은 코미디였다

- 웃음을 직업으로 삼고, 사랑을 인생으로 삼았습니다

사람은 평생 수많은 선택을 하며 살아갑니다.
뭘 먹을지, 누구를 만날지, 어디로 갈지.
그 많은 선택 중, 나는 딱 세 가지만큼은
참 잘했다고, 스스로 칭찬하고 싶습니다.
첫 번째는 지금의 내 아내를 만난 것,
두 번째는 내 마누라를 선택한 것,
그리고 세 번째는 내 와이프를 곁에 둔 것—
이제 보니 다 같은 말이지만,
그만큼 마누라가 내 인생 최고였다는 얘기입니다.
그다음이 뭘까요?
그게 바로, 코미디언이라는 직업을 택한 일이었습니다.
나는 지금도 확신합니다.
코미디는 내 천직이었고,
내가 받은 하늘의 선물이었습니다.
다른 일은 다 망했지만,
웃음만큼은 내게 남았고,
그 웃음 덕분에 오늘까지 왔습니다.
방송 이전에, 나는 故 김형곤 선배가 만든

코미디클럽의 얼굴이었고,
그 시절 그 공간은 정말 뜨거웠습니다.
故 김형곤, 전유성, 오재미, 심형래, 이영자,
故 너훈아, 패튀김, 조영필 모창 가수들까지—
당대 최고의 입담꾼과 몸개그꾼들이
숨 막히도록 꽉 찬 공간에서
뜨겁게 무대를 불태웠습니다.
사람들은 눈물, 콧물, 침까지 튀기며 웃었고,
그 웃음은 모두의 마음을 녹였습니다.
만약 김형곤 선배가 지금도 살아 계셨다면,
우리는 지금도 방송에서
날카로운 풍자와 뜨거운 코미디를
함께 만들고 있었을 겁니다.
그분은 코미디를 위해 태어난 사람이었고,
그 모습을 지켜본 나는 감히 말합니다.
"그 사람은 정말 천재였습니다."
그 코미디클럽은 1990년 가을부터 2007년 봄까지,
17년 가까이 웃음을 나누다
역사 속으로 사라졌습니다.
하지만 나는 잊지 못합니다.
그곳에서 배꼽을 잡고 웃었던 사람들과,
그 무대 위에서 치열하게 살았던 나 자신을.

그때의 선택,
코미디언이 되기로 한 그 결심은
내 인생에서 마누라 다음으로
가장 잘한 결정이었습니다.
그리고 지금도,
내 삶의 중심엔 늘 아내가 있습니다.
그녀의 응원과 사랑이 있었기에
나는 이 길을 꾸준히 걸어올 수 있었습니다.

서인석의 마음 수첩

사람을 웃게 해주는 사람—
그게 나의 직업이고,
내가 세상에 남기고 싶은 사명입니다.

진짜 '무대'는 무명일 때부터 시작된다
- 누구에게나, 이름 없이 빛나는 시간이 있다

무대란, 단지 조명과 박수로 완성되는 게 아닙니다.
관객이 없어도, 카메라가 없어도
마음속에 켜진 불빛 하나면
그곳이 무대입니다.
나는 압니다.
처음 마이크를 잡던 순간,
눈앞이 밝아지는 듯했지만
사실 그보다 더 뜨겁게 타오른 건
마음속에서 자라고 있던 '진심'이었습니다.
대본을 읽고 또 읽고,
입에 붙지도 않는 대사를 외우고
목소리의 높낮이를 바꾸며
혼자 웃고 울던 그때,
그 자리가 지금도
가장 생생하게 떠오릅니다.
사람들은 대개
성공한 후의 이야기만 기억합니다.
하지만 저는

준비하던 시절의 열정과 떨림이

지금까지 저를 버티게 했다고 생각합니다.

그 시간엔

오직 '좋아하는 일'만 남았고,

오직 '해보고 싶다'는 마음만 있었습니다.

돈도, 명예도 없었지만

무대가 있다는 사실 하나로

살 수 있었습니다.

지금도 저는

그 시절의 마음으로 방송을 만듭니다.

〈골방라이브〉도, 〈웃으리마을〉도,

〈이 노래의 주인공을 찾습니다〉도,

누군가의 인생 무대가 되길 바라며

진심을 담아 연출합니다.

첫 무대가

누군가에겐 시작이지만,

저에겐 여전히 가장 순수했던 순간으로 남아 있습니다.

그때의 마음이,

지금도 제 무대의 중심입니다.

서인석의 마음 수첩

사람은 이름으로 기억되기도 하지만,
진짜는 마음으로 남습니다.

웃음 뒤에 남겨진 것들

– 무대가 끝나도 사라지지 않는 마음

웃음을 터뜨리게 하는 일보다,
그 웃음이 사라지고 난 자리를 지켜보는 일이
더 어렵다는 걸 요즘에서야 알겠습니다.
코미디언은 무대 위에서 박수와 함께 퇴장하지만,
그 무대가 끝난 뒤에도 사람들의 기억에 남기를 바랍니다.
저 역시도 그랬습니다.
사람들이 내 개그를 기억해 주길,
그 웃음을 통해 마음을 덜어냈기를 바라며
수십 년을 무대 위에서 살아왔습니다.
하지만 웃음은 흔적을 남기지 않습니다.
금세 사라지고, 또 금세 잊힙니다.
그래서일까요.
무대 뒤로 내려왔을 때,
나는 늘 허전했습니다.
내가 남긴 게 정말 있었을까?
그 질문 앞에서 종종 멈춰섰습니다.
그런데요,
시간이 흐르고 보니

그 허전함은 오히려 다행이었습니다.
누군가의 마음속에 남은 농담 하나,
혼자 웃음 터뜨리게 한 기억 하나가
그 사람 인생의 아주 잠깐,
따뜻한 쉼이 되었을지도 모르니까요.
코미디는 결국 '흔적 없는 위로'라고 생각합니다.
그 자리에서 웃고 잊히더라도,
그 한순간만큼은 고통을 밀어냈다면,
그걸로 된 겁니다.
이제는 박수가 없어도 괜찮습니다.
무대가 줄어들어도 서운하지 않습니다.
그 웃음이 누군가에게 위안이었다면,
그걸로 충분합니다.

서인석의 마음 수첩

웃음은 사라지지만,
웃음을 건넨 마음은 오래 남습니다.

사람들을 웃기며 살아왔습니다.

그게 제 일이었고,

사명이었고,

한때는 인생의 전부였습니다.

무대 위에서 웃음이 커질수록

내가 더 살아 있음을 느꼈고,

박수가 많을수록

존재를 인정받는 것 같았습니다.

하지만 조명이 꺼지고 무대가 끝난 뒤,

대기실에 혼자 앉아 있을 때면

가끔 울컥하는 마음이 밀려왔습니다.

그 누구도 모르는 피로와,

말로 다 할 수 없는 외로움이

웃음 뒤에 조용히 숨어 있었습니다.

제6장

웃기려고 살았는데, 울컥했다

– 웃음 뒤에 숨은 진심 하나

그럼에도 나는 또 웃었고,

또 견뎠습니다.

그게 개그맨의 운명이라 믿었습니다.

이제는 조금 다르게 웃고 싶습니다.

누군가보다 먼저,

나 자신을 먼저 웃게 해주고 싶은 마음입니다.

이 장은

웃음이라는 이름으로 버텨온

조용한 고백입니다.

개구리 소풍 - 서인석

"비가 오면 개구리들은 더 신이 난다.

우리도 그랬다.

웃음을 핑계 삼아, 울컥한 마음을 연꽃 밑에 숨긴 채."

비가 오면, 개구리들은 더 신이 납니다.
다 젖어도 괜찮고, 더 뛰어놀 수 있어서요.
어쩌면 개그맨도 그랬는지 모릅니다.
힘들수록 더 웃기려고 했고,
속이 젖어도 겉으론 깔깔대며
사람들 앞에 나섰습니다.
그 시절, 우리는
'웃겨야 산다'는 마음 하나로
세상을 향해 뛰었습니다.
슬픔은 연꽃 밑에 숨기고,
울컥한 마음은 농담 한 줄에 실었습니다.
비 오는 날, 개구리처럼—
우리도 그렇게 웃으며 살았습니다.
그래서 그 마음을 꺼내놓고 싶어,
이 그림을 그렸습니다.

웃기려고 살았는데, 울컥했다

– 웃음 뒤에 남는 여운

풍자란, 현실을 웃기게 비틀어 말하는 기술입니다.
정면으로 말하면 아픈 이야기를,
사람들은 유머에 담아 돌려 말하지요.
상대를 직접 찌르지 않고,
말끝을 살짝 꺾어 전하는 그 방식—
나는 그게 참 멋지다고 생각합니다.
감정을 무기처럼 들이대는 대신,
웃음이라는 포장지에 싸서 내놓는 법.
그게 바로 풍자입니다.
심리학자들은 유머를 '성숙한 방어기제'라고 하더군요.
화를 내지 않고, 웃음으로 말할 수 있는 사람.
그 사람이 진짜 어른이라는 말이겠지요.
유머는 먼저 사람의 머리를 자극합니다.
"저 말이 무슨 뜻이지?" 한 번쯤 생각하게 하죠.
그 짧은 순간에 분노는 식고, 웃음이 피어납니다.
가볍게 웃었지만,
마음 한구석이 묵직해지는 그 이상한 감정—
나는 그걸 참 좋아합니다.

풍자의 힘은, 웃긴 말 한마디 안에
절절한 울분과 오래된 절망을 녹여낸다는 데 있습니다.
김형곤 선배가 아직 살아 계셨다면,
예전처럼 우리와 함께 KBS 유머일번지 〈꽃피는 봄이 오면〉
무대에 올랐을 겁니다.
그리고 분명, 그 무대 위에서 또 한 번
한바탕 웃음 속에, 한 줄기 분노와 눈물을 숨겼을 겁니다.
그 무대에서 제가 맡았던 배역이 있었습니다.
솥뚜껑 거지.
찢어진 신문을 들고, 세상의 뒷면을 들춰보는 역할이었죠.
허름한 조끼에 맨발, 머리엔 솥뚜껑처럼 생긴 커다란 가발.
관객들이 그 모습에 배꼽을 잡았고,
덕분에 제 별명도 '솥뚜껑'이었습니다.
구겨진 신문지 같은 세상,
그걸 들고 나와 웃음 속에 분노를 던지는 일—
그게 제 몫이었습니다.
그리고 그 시절이, 지금도 참 그립습니다.
그 역할로 저는 신인상도 받았습니다.
무대 뒤에선 김형곤 선배가
제 어깨를 꼭 안아주며 이렇게 말했죠.
"야, 너는 웃기면서도 울리는 재주가 있어. 절대 잃지 마."
그분은 진심으로 저를 아껴주셨습니다.

그래서 나는 아직도, 그 무대를, 그 선배를,
그리고 그 시절을 잊을 수가 없습니다.

서인석의 마음 수첩

진짜 웃음은, 울음을 삼킨 사람이 만들어냅니다.
풍자는 말장난이 아니라,
말이 할 수 있는 마지막 저항입니다.

웃음 건강클럽

- 웃긴 사람이 아니라, 웃게 해주는 사람이고 싶었습니다

나는 코미디언이었습니다.
무대 위에서, 방송국에서, 사람들 앞에서
웃음을 만드는 일을 평생 해왔습니다.
그런데 세상을 오래 살다 보니,
정말 코미디 하기 힘든 세상이라는 걸
뼈저리게 느낍니다. 왜냐고요?
요즘은 정치인들이 저보다 훨씬 더 웃기더라고요.
그것도 웃기려고 하는 게 아니라,
진지하게 말하다가 빵 터뜨리는 겁니다.
그래서 농담 반, 진담 반으로 이렇게 말하곤 했습니다.
"저 양반들이 A급 코미디언이고, 나는 B급입니다."
그렇게 제 인생도, B급 웃음을 지키며 흘러갔습니다.
그 시절, 나는 '웃음클럽'이라는 걸 만들었습니다.
진짜로 웃고 싶은 사람들과 함께, 이유 없이 웃어보자는
마음에서 시작한 아주 단순한 모임이었습니다.
누군가는 "그게 뭐야?" 하고 어이없어했고,
또 누군가는 궁금하다며 따라왔습니다.
나는 그냥, 하루에 한 번이라도

누군가를 웃게 해주고 싶었습니다.
그때 제가 만들어낸 구절이 하나 있었습니다.
"네 이웃을 네 몸같이 웃겨라."
마태복음 23장쯤이었던가요?
물론 없는 말입니다. 제가 지었습니다.
그래도 지금 생각해도 참 괜찮은 말 같습니다.
그 웃음클럽에서는 스트레칭, 웃음, 침묵—
이 세 가지를 15분씩 번갈아 실천하는
웃음명상법을 나눴습니다.
방법은 단순했습니다.
음악을 틀고 몸을 풀고, 억지로라도 한 번 웃고,
그리고 한동안 조용히 쉬는 겁니다.
그걸 세 번 반복합니다.
말도 안 되는 것 같지만, 효과는 있었습니다.
사람들은 하나같이 말했습니다.
"몸이 풀려요. 기분이 가벼워졌어요. 괜히 웃음이 나요."
나는 의사도, 상담가도 아니었지만
그 자리에선 분명, 조용한 치유가 흐르고 있었습니다.
참가자들에게는 자신 안의 '어린아이' 상태로
한번 돌아가 보자고 유도했습니다.
명상 음악을 틀고 편안히 둘러앉은 자리에서
이렇게 말하곤 했습니다.

"자, 웃어보세요. 이유 없이, 억지로라도 웃어보세요."
또는 이렇게도 말했습니다.
"당신이 가장 행복했던 기억을 떠올려보세요.
그때 누구와 있었나요? 어디에 있었나요?"
그러면 사람들은 하나둘씩 미소를 지었습니다.
어떤 분은 사랑하는 사람을 떠올렸고,
어떤 분은 어린 시절의 햇살을 기억했습니다.
그 기억은 곧 웃음이 되었고,
그 웃음은 곧 살아 있음이 되었습니다.
그때 나는 알게 되었습니다.
웃음은 인위적인 근육의 움직임이 아니라,
기억이 건드리는 감정이라는 걸요.
억지로라도 웃다 보면 진짜 웃음이 나옵니다.
그 웃음이 삶을 바꾸고, 사람을 다시 걷게 만듭니다.
웃는 얼굴에는 사람들이 다시 찾아옵니다.
웃음이 흐르는 곳에는 말없이도 위로가 있었습니다.
'근묵자흑(近墨者黑)'— 먹을 가까이 하면 검어진다는
사자성어가 있죠. 사람도 그렇습니다.
어떤 사람과 함께하느냐에 따라
내 얼굴빛도, 말투도, 심지어 인생도 달라집니다.
울상 짓는 사람 곁에 오래 있으면
내 웃음도 줄어듭니다.

세상이 나쁘다고 말하는 사람 옆에 있으면
나도 점점 조심스러워지고, 어두워집니다.
반대로, 날 웃겨주는 사람과 함께 있으면
세상은 그렇게까지 나쁘지 않게 느껴집니다.
그래서 나는 지금도 이렇게 말합니다.
"이왕이면, 날 웃게 해주는 사람을 만나자."
그리고 더 나아가 이렇게도 말하고 싶습니다.
"내가 누군가를 웃게 해주는 사람으로 남자."
그게 저에게 주어진 사명이었고,
사람이 사람답게 살아가는 방식이었습니다.

서인석의 마음 수첩

내가 누군가를 웃게 했던 그 시간,
결국은 나 자신이 살아났던 시간이었습니다.

개나리 처녀의 웃음

- 그 시절 우리를 울고 웃게 만든 순수

훈련소 시절이었습니다.
그때 '개나리 처녀'라 불리던 훈련병이 있었지요.
휴식 시간만 되면, 누가 시키지도 않았는데 꼭 앞으로 나와
구성지게 노래를 부르곤 했습니다.
그 노래는 바로 〈개나리 처녀〉였습니다.
늘 같은 곡이었고, 앵콜이 나오면 한결같이
그 노래를 또 불렀습니다.
그래서 그 친구의 별명은 자연스럽게
'개나리 처녀'가 되었지요.
훈련조교가 "개나리 처녀 앞으로!" 하고 외치면,
시키지 않았는데도 슬쩍 앞으로 나가 노래를 불렀습니다.
얼차려가 있을 때도 어김없이 개나리 처녀를 불렀고요.
그 노래는 그 친구의 출석부 같은 존재였습니다.
그 친구는 선천적으로 웃음이 많고,
표정이 유난히 밝은 사람이었습니다.
그런 얼굴은 보는 사람까지도 절로 웃게 만들었지요.
웃음이 많은 나는, 한번 웃음이 나오면 참지를 못했습니다.
하필이면 그 친구와 나는 마주 보는 자리였는데,

점호 시간만 되면 그 얼굴을 보다 웃음이 터졌습니다.
저 하나 웃자 내무반 전체가 따라 웃는 사태가 벌어졌고요.
결국 팬티 바람으로 연병장에 집합한 날이
한두 번이 아니었습니다.
엎드려뻗쳐부터 멍석말이, 헬리콥터까지…
얼차려란 얼차려는 다 받아봤지요.
그 친구는 결국 '고문관'으로 찍혀
'관심병사'로 분류됐고, 훈련을 마치지 못한 채
어느 날 조용히 퇴소했습니다.
너무 웃어도 문제가 되는 세상이었습니다.
그땐 몰랐지만, 지금 돌아보면
그 시절을 견디게 해준 건 바로 그 친구 덕분이었습니다.
지금은 어디서, 무엇을 하며 살고 있을까요.
가끔 그 노래가 귓가에 맴돌면,
저도 모르게 흥얼거리게 됩니다.
"개나리~ 우물가에 사랑 찾는 개나리 처녀~"
그 노래처럼,
사람 하나가 남긴 웃음 하나가
참 오래 남습니다.

서인석의 마음 수첩

가끔은 누군가의 얼굴이,
아무 이유 없이 웃음을 주기도 합니다.
그런 웃음 하나에도, 그리움이 묻어 있습니다.

유쾌한 사람은 늙지 않는다

– 유쾌함은 나이를 막지 못해도, 마음은 늙지 않게 해줍니다

웃음도 나이 들면 늙는 줄 알았지요.
세월이 흐르면 어깨가 굳고, 마음도 굳고,
웃는 법마저 잊힐 거라 생각했습니다.
그런데 가만히 보니, 진짜 늙지 않는 건 '웃음'이었습니다.
몸이 불편해도, 기억이 흐릿해져도,
누군가의 말 한마디, 표정 하나에
다시 깔깔 웃게 되는 게 바로 사람입니다.
나는 평생 사람들을 웃기며 살아왔습니다.
무대 위에서, 방송국에서, 밥상머리에서도.
그런데 어느 날부터는, 내가 먼저 웃고 싶어졌습니다.
내가 먼저 웃으니, 그 사람도 안심하고 따라 웃더군요.
웃음은 기술이 아니었습니다.
웃음은 결국 마음이었습니다.
마음이 따뜻하면, 웃음은 절대 늙지 않습니다.
그걸 알게 된 건, 웃기는 일을 내려놓고 나서였습니다.
이젠 누굴 억지로 웃기지 않아도 좋습니다.
그저 내 웃음이, 조용히 누군가에게 닿는다면
그걸로 참 괜찮다 싶은 나이가 됐습니다.

유쾌하다는 건 유머가 넘친다는 뜻이 아니더군요.
사람을 가볍게 대하지 않고,
일을 무겁게 끌어안지 않고,
적당히 흘려보낼 줄 아는 사람— 그런 뜻이었습니다.
나는 그걸, 내 웃음으로 배웠습니다.
누군가를 웃기기 위해 흘렸던 땀방울이
이제는 나를 웃게 만드는 근육이 되었습니다.
그래서 내 말끝엔, 늘 웃음이 살짝 묻어 있습니다.
유쾌한 사람은 늙지 않습니다.
세월은 나이를 먹게 하지만,
유쾌함은 마음을 젊게 합니다.
지금 나는, 유쾌하게 늙어가는 중입니다.
웃기지 않아도,
그저 웃고 있는 내가 좋습니다.

서인석의 마음 수첩

가벼운 유머 하나에 인생이 가벼워지고,
진심 어린 농담 하나에 하루가 따뜻해진다.

마지막에 웃는 사람이 잘 산 사람이다
- 끝까지 웃을 수 있다면, 그 인생은 잘 살아낸 것이다

살아보니 그렇더군요.
잘난 사람이 아니라, 끝까지 웃는 사람이
결국 잘 산 사람이더라고요.
젊었을 땐 많이 가지려고 애썼고,
남보다 앞서야 살아남는 줄 알았습니다.
웃는 것도, 사람들 앞에서 보여주기 위한 웃음이었습니다.
카메라가 꺼지고, 무대가 닫히면
그 웃음은 금세 증발해 버렸고,
속으론 울고 있으면서도
웃는 척해야 했던 날들이 참 많았습니다.
그런데 시간이 흐르면서,
진짜 웃음이 무엇인지 조금씩 알게 됐습니다.
억지로 꾸민 웃음보다,
고단한 하루를 견딘 끝에 나오는 조용한 웃음—
그 웃음 하나가 얼마나 값진 건지, 이제는 압니다.
지금은 누가 나를 이겼느냐보다,
어떤 삶이 더 대단했느냐보다
"그래도 오늘, 한 번은 웃었다."라는 그 한마디가

더 소중한 나이가 됐습니다.
웃었다는 건 아직 괜찮다는 뜻이고,
웃을 수 있다는 건 마음이 살아 있다는 증거입니다.
그 웃음 뒤에는 수없이 많은 눈물이 있었을 겁니다.
수많은 실패와 상처, 말 못 한 부끄러움들이
켜켜이 쌓여 있었겠지요.
그럼에도 불구하고, 마지막에 웃을 수 있다면
그 인생은 잘 살아낸 겁니다.
그리고 제 인생에서 가장 빛나는 웃음은
언제나 아내의 얼굴에서 나왔습니다.
그 사람이 웃는 날,
나는 그날을 잘 살았다고 말할 수 있습니다.
나의 마지막 순간이 온다 해도,
그녀가 나를 향해 웃어주기를 바랍니다.
그 웃음 하나면, 나는 충분합니다.
그녀의 미소가 내 인생의 마지막 조명이
되어주길 바랍니다.

서인석의 마음 수첩

끝까지 웃을 수 있는 사람이
진짜로 잘 살아낸 사람입니다.
나도 마지막엔 꼭, 웃고 싶습니다.

웃음은 진심이 묻어날 때 비로소 울림이 된다
- 웃음을 짜던 시절에서, 웃음이 피어나는 시절로

예전엔 어떻게든
사람들을 웃겨야만 했습니다.
그게 제 일이었고,
제 존재의 이유라고 믿었지요.
한순간이라도 정적이 흐르면 불안했고,
누군가 웃지 않으면
그날은 실패한 기분이었습니다.
그래서 늘 계산하고,
눈치를 보고, 타이밍을 맞췄습니다.
웃음도 기술이라며
머리로 짜내던 시절이 있었습니다.
그런데 어느 날,
진심이 섞이지 않은 웃음은
오래가지 않는다는 걸 알게 됐습니다.
그저 웃긴 말보다
내가 진짜로 웃고 있을 때
사람들이 더 크게 웃더군요.
말장난보다는 진심 한 조각이,

억지 유머보다는
내 삶이 녹아 있는 한마디가
사람 마음을 울리면서도 웃게 만든다는 걸
이제는 압니다.
요즘은 후배들에게도 이렇게 말합니다.
"웃기려고만 하지 마.
네 얘기를 해.
네 진심을 꺼내면,
사람들이 웃기도 하고, 울기도 해."
예전엔 웃음을 만들었습니다.
하지만 지금은
웃음이 제 안에서
자연스럽게 올라오길 기다립니다.
그 웃음 속에 삶이 있고,
그 삶 속에 나 자신이 있기 때문입니다.
이제는 압니다.
웃음은 머리에서 짜내는 게 아니라,
가슴에서 피어나는 것이란 걸요.
진심 없는 웃음은 금세 잊히지만,
삶이 묻은 웃음은
사람 마음속에 오래 남습니다.

서인석의 마음 수첩

웃음은 타이밍이 아니라,
진심에서 피어나는 감정입니다.
그래서 진짜 웃음은, 사람을 울릴 줄 압니다.

그 시절의 유행어는 잊혀도

– 웃긴 사람의 기억은, 누군가의 마음에 남는다

젊었을 땐
유행어 하나만 터져도
세상이 다 내 것 같았습니다.
무대든 방송이든,
툭 던진 말 한마디에 사람들이 웃음을 터뜨렸고,
길거리에서도, 식당에서도
제가 만든 유행어로 낯선 이들과 금세 친구가 되었지요.
그 시절엔
세상이 내 리모컨처럼 움직이는 기분이었습니다.
가끔 누군가 말합니다.
"서인석 씨, 그땐 진짜 시대를 앞서가셨죠."
그 말을 들으면 속으로 피식 웃으며
그 시절의 저를 조용히 토닥이게 됩니다.
"그래, 그땐 참 잘했지. 정말 잘 웃겼다."
물론 지금은
그 유행어들 아무도 기억하지 못합니다.
저조차도 "내가 뭐라 그랬더라?"
가물가물할 때가 많습니다.

아마 방송국 어딘가
먼지 쌓인 테이프 안에 조용히 잠들어 있겠지요.
그래도 괜찮습니다.
왜냐하면 그 시절,
나는 분명히 누군가를 웃게 만든 사람이었으니까요.
그 한 줄이면 나는 충분합니다.
사람을 웃긴다는 건,
그 자체로 영광이었습니다.
유행어는 잊혀도
그 웃음 안에 담긴 진심은
아직도 누군가의 마음 어딘가에
살아 있다고 믿습니다.
지금은 가요 프로그램을 만들고,
노랫말을 쓰는 작사가로 살고 있습니다.
그 시절의 유행어는 잠시였지만,
지금 제가 쓰는 가사 한 줄은
누군가의 인생에 오래 머무를 수 있다는 걸 압니다.
무대는 달라졌고,
관객도 방송도 줄었지만,
진심을 들어줄 단 한 사람이 있다면
그 순간이 바로 제 무대입니다.
그래서 요즘도 무대가 끝나면

혼잣말처럼 중얼거립니다.
"오늘도 한 사람은 웃게 했으니, 잘 살았다."
그리고 요즘 제 유행어는 이겁니다.
"여러분~ 서인석, 오늘도 잘 살고 있습니다~"

서인석의 마음 수첩

유행어는 잊혀도,
그 시절 웃겼던 마음 하나는
사람들 기억 속에 오래 남습니다.
지금은 말 한 줄, 가사 한 소절로
또 다른 유행가를 준비하고 있습니다.

지금 웃을 수 있다면, 나는 성공한 인생이다

- 무대 위의 웃음보다, 내 마음의 미소가 더 소중해진 나이

젊을 땐 성공이 뭔지 몰랐습니다.
돈을 많이 벌면 성공인가?
유명해지면 잘 사는 건가?
사람들 앞에서 멋진 말을 하면
인생을 잘 산 걸까— 그런 줄 알았습니다.
그런데요, 지금은 좀 다르게 생각합니다.
아무리 많이 가져도 혼자 웃을 수 없으면 그건 쓸쓸하고,
누구보다 앞서 있어도
웃으며 기다려줄 사람이 없으면
그건 좀 허전하더군요.
요즘 나는 하루에 한 번이라도 웃으면
그게 성공한 하루라고 생각합니다.
혼자서라도 배꼽 잡고 웃을 수 있다면,
그건 정말 멋진 인생 아닐까요?
나이 들수록 웃음은 마음의 여유에서 나옵니다.
삶이 내게 준 상처를
조롱이 아니라 농담으로 말할 수 있을 때,
그 웃음은 진짜입니다.

개그맨으로 살아온 시간,
남들 웃기느라 애쓰던 시절을 지나
이제는 내가 웃는 연습을 하고 있습니다.
억지로라도 웃다 보면,
어느 순간 진심으로 웃게 되는 날이 오더군요.
웃음이란 게 꼭 누가 던져줘야 터지는 건 아니더라고요.
내가 나를 안아주고,
내가 나를 토닥이면
그걸로도 충분히 웃을 수 있습니다.
지금 이 순간, 웃을 수 있다면—
나는 이미 성공한 인생입니다.

서인석의 마음 수첩

성공이란, 사람들 앞에서 멋지게 말하는 게 아니라
혼자서라도 웃을 수 있는 마음을 갖는 것입니다.
지금 웃을 수 있다면,
당신은 이미 인생의 고수입니다.

호호다이어트와 웃음의 힘

- 웃음은 몸무게보다, 삶의 무게를 덜어줍니다

요즘은 다이어트가 유행처럼 번집니다.
살을 빼자, 젊어지자, 건강을 챙기자—
다 맞는 말입니다.
저도 의사 선생님께
"이 배 안 빼면 큰일 납니다."란 소리 듣고
뱃살과의 전쟁을 선포했습니다
근데, 이게 참 묘한 숙제입니다.
해도 잘 안 되고, 안 하면 찜찜한.
그런데 저는 다이어트 하면
가장 먼저 떠오르는 분이 한 분 있습니다.
故 김형곤 선배.
그분은 어느 날 '호호다이어트'라는 걸 만드셨습니다.
"호호 웃으면 살이 빠진다!"
그 철학은 단순했지만, 깊었습니다.
물론 진짜 살을 빼려고 굶고 뛰고,
그렇게 30킬로를 감량하셨죠.
하지만 저는, 그 무리한 다이어트가
몸도 마음도 함께 깎아내린 게 아니었나,

지금도 그런 생각을 합니다.
그래도 저는 믿습니다.
그분이 말한 '호호다이어트'는
단순히 체중을 줄이자는 뜻이 아니라—
삶의 무게를 덜어내자는 철학이었다고요.
배꼽 빠지게 웃으면요,
뱃살보다 먼저 속상한 마음이 가벼워집니다.
거울 보며 예쁘게 웃어보세요.
주름이 펴지고, 눈빛이 말랑말랑해집니다.
기분도, 하루도, 조금은 괜찮아집니다.
웃음은 몸을 가볍게 하는 게 아니라,
세상을 견디는 마음을 가볍게 해줍니다.
김형곤 선배가 남긴 그 말,
"웃어라, 웃으면 살 빠진다."
그건 어쩌면—
"웃어라, 인생이 덜 아프다."라는 말이었는지도 모릅니다.

서인석의 마음 수첩

웃음은 하루를 가볍게 만드는 기술입니다.
그 기술이 몸에도 좋다면, 금상첨화겠지요.

사는 건 결국, 사람 사이에서 완성되는 일입니다.

혼자 꾸는 꿈은 멀리 가지 못하고,

함께 걸은 길은 오래 기억에 남습니다.

청춘 시절엔, 혼자 빛나는 게 멋이라 믿었지만

지금은 압니다.

누군가 옆에 있다는 사실만으로

삶이 얼마나 단단해지는지를요.

어깨를 나란히 하고 걷는 친구,

말없이 곁을 지켜준 동료,

서로를 비춰준 부부—

그 이름만으로도 울컥해지는 사람들.

그들과 함께여서 견딜 수 있었고,

그들과 함께라서 웃을 수 있었습니다.

이 장은, 그런 사람들에 대한 이야기입니다.

제7장

아름다운 동행

- 혼자서는 피어날 수 없는
  삶의 이야기들

내 인생을 함께 걸어준 사람들,
지금도 나와 나란히 걷고 있는
그 '동행'들에게 바치는 마음입니다.

날 스쳐간 나비, 이것도 인연 - 서인석

"머물지 않아도, 마음에 남는 인연이 있다."

가끔 그런 사람이 있죠.
딱히 오래 본 것도 아닌데,
그 사람의 말투 하나, 눈빛 하나가
이상하게 마음에 남아 떠나질 않습니다.
머문 적도 없고,
붙잡을 수도 없었는데-
그런 인연이 있어요.
나비처럼 날아와
잠깐 머물다 가는 사람.
그 사람은
아무 말도 안 했는데,
이상하게 마음 한구석이 따뜻해집니다.
그래서 나는 오늘도
이런 마음을 글로 적습니다.
누군가에게도
내 말투 하나, 눈빛 하나가
문득 따뜻한 기억이 되었으면 해서요.

그 가수의 노래, 그 사람의 인생

- 노래로 버틴 삶들의 합창

저에게는 아직, 노래를 만들 이유가 남아 있습니다.
그 이유는 바로,
〈서인석의 골방라이브〉, 〈이 노래의 주인공을 찾습니다〉,
〈웃으리마을〉 무대를 함께 지키며
노래로 인생의 고비를 견뎌 내고 있는
진짜 가수들이 있기 때문입니다.
그분들을 소개합니다.

슈퍼스타 서울 패밀리, 위일청 형님.
뇌경색 후유증에도 불구하고
무대 위에선 언제나 유쾌하고 품격 있는 웃음을 잃지 않는 분.
40년을 함께해 준,
변치 않는 마음의 친구이자 진짜 '내 편'입니다.

수원 나훈아, 유연진 가수.
위암 절제 수술, 안면근 위축증이라는 시련 속에서도
자신보다 늘 남을 먼저 챙기는 따뜻한 형님.
늘 긍정으로 저를 도와주는, 든든한 제1지원군입니다.

수원 똑순이, 박영이 가수.
암 수술 후 머릿속 종양과 싸우면서도
"오늘 하루가 선물이에요."라고 말하는 사람.
수원 니나노 연예인 봉사단을 이끄는
참된 리더이자 밝은 누나입니다.

장옥진 가수.
당뇨로 체력이 힘들어도
늘 따뜻한 눈빛과 넉넉한 마음으로 저를 품어 주는
큰누나 같은 분입니다.

설민 가수.
폐 한쪽을 절제하고도
무대 위에서 한 번도 웃음을 잃은 적 없는
45년 지기, 진정한 '밝은 친구'입니다.

'어린왕자' 임동하 가수.
조용하지만 강단 있는 후배.
인생의 무게를 묵묵히 견디며,
자신만의 리듬으로 하루하루를 살아 내는 사람입니다.

장수애 & 진주비 — 소화제 시스터즈.
춤과 노래, 웃음으로 사람들의 스트레스를 날려 주는
흥과 끼의 전사들입니다.
노력파 장수애, 끼 넘치는 희자매 출신 진주비.
두 분의 무대에는 늘 흥과 따뜻함이 공존합니다.

아들 같은, 노래 잘하는 천재 가수 나휘.
늦은 데뷔지만,
진심 하나로 무대에 서는 모습이
더없이 빛나는 후배입니다.
그래서 더 응원하고 싶습니다.

딸 같은 가수, 주리스.
어떤 곡이든 한 번만 들으면 척척 소화하는 능력자.
진취적인 성격으로
가수의 꿈을 놓지 않고 전진하는 진심이
노래 속에 울컥하게 스며 있습니다.

조카 같은 임시연.
대구와 서울을 오가며 바쁘게 살아가는
슈퍼모델 출신의 열정 가수.
무대 위에선 누구보다도 빛나는 별입니다.

〈사랑한단 말 대신〉을 가슴으로 부르는 이진하 가수님.
남편분의 건강 회복을 위해
기도하는 마음으로 이 노래를 부르신다고 합니다.
그 진심이 담긴 목소리를 들으면,
듣는 사람의 마음도 절로 숙연해집니다.

'평택 나훈아', 이훈 님.
〈서인석의 나의 인생, 나의 노래〉 프로그램에서 처음 만나
〈골방라이브〉 무대까지 함께 오신 분.
나훈아 님의 노래만 부르시는 이훈 가수님은
나훈아 님의 열혈 팬이시랍니다.
그래서 가끔은 이런 생각이 듭니다.
"나훈아 선생님은, 이훈 님의 마음을 아실라나? ㅎㅎ"
눈을 감고 이훈 님의 노래를 듣다 보면,
정말 나훈아 님이 바로 앞에 서서
노래하고 계신 듯한 착각이 듭니다.

그리고 그들의 무대를
뒤에서 묵묵히, 든든히 지켜 주는 이들이 있습니다.
저의 후배이자, 30년 팬인 철수 아우.
무대 뒤에서 말없이 땀 흘려 주는
든든한 동생입니다.

〈골방라이브〉를 만들어 가는
무대 뒤의 주역들 역시 빼놓을 수 없습니다.
1인10역의 능력자, 연출·편집 강거성 감독
무거운 짐벌 카메라를 들고도 하루 종일 힘든 내색 하지 않는
이윤수 카메라감독과 그의 팀들
두 아이의 아빠이자 언제나 해맑은 미소의 안대훈 음악감독
무대에 생명을 불어넣는 조명의 마술사, 임동하 조명감독
세트를 따뜻하게 채워 주는 강명석 미술감독
그리고 밤낮없이 음악 창작에 몰두하는
영원한 나의 동반자 김기섭 작곡가와 그가 이끄는
'동네아저씨들 뮤직팩토리' 창작집단 식구들까지.

이분들이 있기에,
나는 여전히 무대에 설 수 있습니다.
이름 하나하나, 인생 사연 하나하나를
나는 오래도록 기억할 것입니다.
그들이 있기에
제가 다시 노래할 수 있었고,
이 나이에도 웃으며 살아갈 수 있습니다.

서인석의 마음 수첩

우리들의 노래가
누군가의 인생을 위로할 수 있다면,
그 무대는 끝나지 않습니다.
오늘도 우리는 노래합니다.
살아 있다는 걸 증명하기 위해서.

같이의 온기, 그 이름들
– 함께라서 의미가 되었던 이름

제 가슴 한편에
오래도록 남아 있는 이름들이 있습니다.
나를 늘 아껴주셨던 분들이었고,
무대에서 함께 웃음과 땀을 나눴던
소중한 이들이었습니다.
코미디 황제 故 이주일 선배님.
나를 진심으로 품어주신 분.
단순한 웃음이 아니라
사람을 살리는 웃음을 알려주셨던
참스승이셨습니다.
그분의 눈빛 하나, 손짓 하나가
지금의 저를 만들었습니다.
천재 개그맨 故 김형곤 선배.
너무 갑작스럽게 우리 곁을 떠나셨습니다.
함께 스탠딩코미디 무대를 준비하며
미국 카네기홀 공연까지 꿈꿨던 날들이
아직도 생생합니다.
그 꿈은 이루지 못했지만,

그 마음은 지금도 제 안에서 공연 중입니다.
천진난만한 나의 친구, 불광동 휘발유 故 양종철.
무대 뒤에서 서로의 땀을 닦아주던
그 기억이 아직도 손에 남아 있습니다.
함께였기에 버틸 수 있었고,
함께였기에 웃을 수 있었습니다.
서로의 부족함을 채워주던 그 시절이―
제 인생에서 가장 따뜻한 장면입니다.
흥 많고 유쾌했던 故 서세원 선배.
무대에선 경쟁자였지만,
무대 아래에선 정 많은 형이었습니다.
그 시절 함께했던 웃음과 치열함이
지금도 제 인생의 에너지가 되어 있습니다.
정이 철철 넘치던 동네 이모 같던 故 김수미 선배님.
"인석이 쟈는~ 겁나게 웃겨 배를 잡는다니께~"
행사 1순위로 불러주시던
그 웃음 섞인 격려가
제게 얼마나 큰 위로였는지 모릅니다.
가끔은 그분의 음성이
무대 뒤에서 들리는 듯합니다.
아버지 같았던 인자하신 故 남보원 선생님.
"원맨쇼 하나만 배우면 평생 먹고산다~ 내 양아들 해라." 하시며

집으로 불러 원맨쇼 정수(精髓)를 전수해 주시려던 분.
세상에선 잊혔을지 몰라도
제 안에선 아직도 살아 계십니다.
스탠딩 코미디의 원조이신 故 이상용 선배님.
SBS 〈서인석의 가요클럽〉을 진행하던 시절,
심장병 어린이 후원 비리 사건에 휘말린 선배님을
생방송 중 공개적으로 변호했다가
제가 하차당했던 기억이 있습니다.
억울했지만, 후회는 없습니다.
나중에 무죄 판결을 받으셨고,
그때 제가 했던 선택이 틀리지 않았다는 걸
증명해 주셨습니다.
의리는 희생이 따라야
완성된다는 걸 그날 배웠습니다.
구수한 동네 형님 같던 故 송대관 선배님.
"어이~ 인석이, 나여~ 겁나 반갑네~"
항상 먼저 인사해 주시던 그 따뜻한 목소리.
함께 노래하고 웃던 무대가 그립습니다.
그 인사는 지금도
제 가슴에 따뜻하게 살아 있습니다.
이 글에서
먼저 떠나신 분들의 이름을 꺼내는 이유는—

저 역시 언제까지
이 자리에 머물 수 있을지 알 수 없기 때문입니다.
이제는 다 함께할 수 없는 분들이지만,
그분들과의 '같이'가
제 인생의 진짜 온기였습니다.
그 기억이
저를 사람으로 만들었고,
무대로 다시 서게 해주었습니다.
같이 울고, 같이 웃던 그 시절이 있었기에—
오늘도 나는 혼자여도 외롭지 않습니다.

서인석의 마음 수첩

세상을 떠난 사람들은 잊히지 않습니다.
그들이 함께 웃어준 시간은
제 삶을 따뜻하게 만들어준
'같이의 온기'였습니다.
그 온기로 오늘도 나는 살아갑니다.

그 사람 이야기, 참 따뜻했어

– 이름보다 마음을 남기는 직업

요즘 나는 종종 신인처럼 사람을 만납니다.
"누구세요?"라는 질문을 받는 일도 잦아졌지요.
멋쩍기도 했지만, 이상하게 그게 싫진 않았습니다.
아무도 나를 모른다는 건,
처음부터 내 이야기를 들려줄 수 있다는 뜻이니까요.
예전엔 이름 석 자 불리는 게 참 좋았습니다.
방송 자막에 '서인석'이 뜨면
그 이름 하나로 하루를 버텼던 적도 있지요.
하지만 지금은 다릅니다.
누군가 "그때 그 웃겼던 분 아니세요?"
그 말 한 줄이 참 따뜻하게 느껴집니다.
그 안엔 내가 전했던 웃음이 담겨 있으니까요.
이제는 이름보다 '이야기'를 남기고 싶습니다.
누군가 이렇게 말해준다면 참 좋겠습니다.
"그 사람 이야기, 참 따뜻했어."
그 말이면 나는 충분합니다.
화려하지 않아도, 유명하지 않아도 괜찮습니다.
어떤 이야기 하나로 누군가가 위로받았다면—

그걸로 저라는 사람의 존재 이유는 충분합니다.
그래서 나는 이야기꾼이자 작사가가 되었습니다.
이름은 잊혀도, 노래는 남습니다.
한 줄의 노랫말이 누군가의 인생에 오래 머무는 걸
여러 번 목격했거든요.
누군가 흥얼거리는 노래 한 소절 속에
제 마음이 얹혀 있다는 걸 느끼는 순간,
그제야 나는 살아 있음을 실감합니다.
요즘도 나는 무대에 오릅니다.
관객이 많지 않아도, 박수가 없어도 괜찮습니다.
진심으로 내 이야기를 들어주는 단 한 사람이 있다면,
그 자리가 바로 제 무대입니다.

서인석의 마음 수첩

이름은 잊혀도 괜찮습니다.
유행어는 사라졌지만,
나는 오늘도 누군가의 마음에 오래 남을
'유행가'를 만들고 있습니다.

노래는 결국 마음으로 부르는 것이다
- 가창보다 진심이 먼저다

처음엔 남을 위로하고 싶어서 노래를 썼습니다.
지쳐 있는 누군가에게 조용히 다가가
말 한마디보다 더 따뜻한 마음 하나를 건네고 싶었고,
그 마음을 조심스레 가사에 담았습니다.
내 얘기를 하기보단
남 얘기를 가장한 고백처럼,
누군가의 마음을 대신 전하는 노래를 만들고 싶었습니다.
그 노래가 어느 하루의 쉼표가 되었으면 하는 마음으로
천천히 써 내려갔습니다.
그런데 어느 날,
제가 쓴 노래를 다시 듣는데
가슴이 멍하니 먹먹해지더군요.
처음부터 알고 쓴 줄 알았는데,
그제야 깨달았습니다.
아, 이 노래 안에 내 마음이 다 들어 있었구나.
누군가에게 전하려던 위로가
결국은 제게 먼저 돌아오고 있었던 겁니다.
제가 만든 노래를 누군가 무대에서 불러줄 때면

가슴이 덜컥 내려앉습니다.
제 시간이, 제 감정이
그 사람의 목소리를 타고
다시 내 안으로 되돌아오는 순간—
그 감정은 참 깊고도 묘합니다.
그때는 순위도, 방송도, 상도
별로 중요하지 않게 느껴집니다.
무대가 크든 작든,
화면에 잡히든 안 잡히든,
누군가 제 노래를 자기 이야기처럼
진심으로 불러줄 때,
그제야 실감합니다.
아, 이 노래가 정말 살아 있구나.
노래는 결국 가수가 부르는 게 아니라
마음이 부르는 거였구나.
요즘은 예전처럼 고음이 잘 올라가지 않습니다.
호흡도 짧아졌고,
노래 끝부분에선 기운이 빠지는 게 느껴집니다.
예전 같으면 부끄러웠을 그 소리가
이제는 오히려 더 진심처럼 들립니다.
테크닉보다
살아온 시간이 먼저 드러나고,

기교보다
마음이 앞서 나옵니다.
눈물도, 기억도,
지나온 세월이
그 노래 안에 스며들고 있다는 걸
이제는 압니다.
요즘은
제가 만든 노래를 누군가 불러줄 때
그제야 제가 살아 있다는 걸 느낍니다.
그리고 한 곡 안에 담긴 진심은
결국 사람들에게 전해진다는 걸,
이제는 믿습니다.
누가 부르느냐보다
그 안에 얼마나 마음이 담겨 있느냐가
더 중요하다는 걸요.
그래서 나는 오늘도 노래를 씁니다.
말로 다 못 한 이야기 하나를
노래 한 곡 속에
천천히 담아봅니다.

서인석의 마음 수첩

노래는 결국, 목소리보다 먼저
살아 있는 마음으로 부르는 것이라 믿습니다.
그래서 나는 오늘도
말로 다 못 한 이야기를
노래 안에 조용히 실어 보냅니다.

노래는 결국, 인생이 된다
- 가사 한 줄에 담긴 인생 전체

무대에서 부른 그 한 곡이
누군가의 눈물을 멈추게 하는 순간이 있습니다.
말도 없었고, 손도 잡아주지 않았지만,
그저 멜로디 한 줄이 조용히 마음을 감쌉니다.
노래는 어느 순간,
기술도 아니고, 예술도 아니고—
그저 한 사람의 마음에 닿는 '위로'가 됩니다.
젊었을 땐 노래를 잘 부르고 싶었습니다.
고음이 터지고, 감정이 깊고,
무대를 꽉 채우는 에너지로
사람들의 시선을 사로잡고 싶었지요.
박수와 환호, 카리스마 넘치는 퍼포먼스가
무대의 정답인 줄 알았고,
저 역시 그 정답을 향해 달려왔습니다.
그 무대를 위해 수없이 연습하고,
땀 흘리고, 스스로를 채찍질했습니다.
그런데 어느 날, 조용히 울고 있는 한 사람을 보았습니다.
내가 부른 그 노래에 맞춰 한참을 울고 있었습니다.

그날 처음 알았습니다.

노래는 내가 잘 부른다고 완성되는 게 아니더군요.

노래는 듣는 사람의 마음 안에서 비로소 살아나고,

그 사람의 기억과 사연 위에 얹혀서 완성되는 거였습니다.

내가 불렀지만, 그 노래는 그 사람의 것이 되는 순간—

바로 그때, 노래는 비로소 '예술'이 아닌 '삶'이 되었습니다.

그 후로는 노래를 기술로 부르지 않기로 했습니다.

감정을 꾹 눌러 담아, 삶을 꺼내어 부르기로 했습니다.

누군가를 위해 부르고,

누군가가 위로받는 순간—

그게 노래가 존재하는 이유라는 걸 이제는 압니다.

서인석의 마음 수첩

노래는 잘 부를 때 예술이 되지만,
누군가를 울릴 때 비로소 인생이 됩니다.

인맥 다이어트 시대
– 관계의 밀도보다 깊이가 중요해진 요즘

요즘은 휴대폰에 수백 명이 저장되어 있어도,
막상 마음 터놓고 전화할 사람은
딱 한두 명밖에 없더군요.
가끔은 연락처를 넘기며 생각합니다.
"이 사람… 누구였지?"
뭐, 제 얘기라기보다
요즘 젊은 세대 얘기입니다.
SNS 친구는 수백, 수천 명인데,
정작 고민 하나 나눌 사람은 드물다고 하더군요.
'군중 속의 고독'이라는 말,
이젠 그저 문학적인 수사가 아닌 시대입니다.
사람을 많이 안다고 해서
외롭지 않은 건 아니니까요.
그래서일까요.
요즘은 '인맥 다이어트'가 유행이래요.
굳이 애쓰지 않고,
굳이 붙잡지 않고,
혼자가 편하다며 관계를 정리하는 사람들.

솔직히, 이해가 됩니다.
사람 사이에도 피로감이 있으니까요.
하지만요,
어쩌면 그게 조금 슬프기도 합니다.
사람은 결국, 사람 사이에서 살아야 하잖아요.
저도 방송을 하다 보면
명함 주고받는 자리는 많았습니다.
인사도 웃으며 잘 하고, 이름도 외우고…
그런데 지나고 보면,
그중에 진짜 전화를 하게 되는 사람은
한 손으로 꼽을 정도더군요.
즐겨찾기엔
아내 번호 하나,
그리고 일하면서 가까워진 몇 분.
그게 다입니다.
문득,
세상이 점점 말라가는 것 같습니다.
모임은 많은데, 만나고 싶은 사람은 없고,
대화는 넘치는데, 마음이 담긴 대화는 드물고.
요즘은 혼밥, 혼술, 혼영…
혼자 있는 게 익숙한 시대죠.
하지만 저는 이렇게 생각합니다.

"혼자 있는 시간도 필요하지만,
혼자만 있어선 안 됩니다."
좋아요 누르느라 바쁜 시간,
가만히 친구한테 전화 한 통 해보세요.
"어찌 사냐? 제수씨도 잘 계시지?"
그 말 한마디에,
씨익, 미소가 띠어지는 밤이면 좋겠습니다.

서인석의 마음 수첩

사람 사이에 오래 남는 인연은
언제든 차 한잔할 수 있는 사이입니다.
그게 많지 않아도,
하나면 충분하지요.

날 웃겨주는 친구를 가까이하자

– 유쾌한 인연이 삶을 지킨다

"당신은 성공하셨습니까?"
요즘 이런 질문을 자주 받습니다.
나는 이렇게 되묻고 싶습니다.
"지금, 웃고 계세요?"
성공했다고 해서 다 행복한 건 아닙니다.
행복해서 웃는 것도 아니고요.
사실은, 웃다 보면 행복해지는 겁니다.
그 반대입니다.
억지로라도 웃어보시길 바랍니다.
사람의 뇌는
진짜 웃음인지, 흉내인지 구분을 잘 못한다고 합니다.
그냥 입꼬리만 올려도
"오, 기분 좋은가 본데?" 하고
스스로 착각해서 엔도르핀이 나온다지요.
그러다 보면
정말 마음이 조금씩 풀립니다.
아기들 보십시오.
"까꿍~" 한마디에 까르르 넘어갑니다.

그런데 그걸 노인정에서 하면요, 혼납니다. 왜냐고요?

나이가 들수록 웃는 게 익숙하지 않기 때문입니다.

실제로 어린이는 하루 평균 400번 웃는다고 합니다.

성인은 17번,

그리고 50대가 넘으면 하루에 고작 8번 정도 웃는다지요.

시간으로 따지면 하루에 5분도 안 웃는 셈입니다.

너무 안타깝지 않습니까?

웃음은 전염성이 있습니다.

누군가 웃기 시작하면

주변 사람도 따라 웃게 됩니다.

그래서 코미디 프로그램엔 관객 웃음소리를 넣고,

시트콤에는 일부러 웃음 트랙을 입힙니다.

1차 세계대전 직후,

한 음반회사가 웃음소리만 넣은 음반을 발매했는데

그게 대박이 났다고 합니다.

세상이 웃음에 목말라 있었던 겁니다.

요즘에는 웃음으로 돈을 버는 직업도 생겼습니다.

바로 방송국 방청객입니다.

녹화 중간, 타이밍 맞춰 웃는 분들이죠.

나는 그분들이 참 멋지다고 생각합니다.

돈도 벌고, 웃음도 나누고.

사람들이 제일 좋아하는 사람은 누구일까요?

유머 있는 사람입니다.
같이 있으면 마음이 편하고,
괜히 기분이 좋아지고,
말 한마디에 긴장이 풀리는 사람.
그런 사람 곁에 있으면
어디 있어도 덜 외롭습니다.
그래서 묻고 싶습니다.
당신을 웃게 해주는 친구, 몇 명이나 있으십니까?
만약 있다면, 그 사람은 절대 놓치지 마세요.
꼭 곁에 두시길 바랍니다.
그리고 가능하다면,
당신이 누군가를 웃게 해주는 사람이 되어보세요.
그게 진짜 멋있는 일입니다.
날 웃게 해주는 사람 곁에 있고 싶습니다.
또 내가 누군가를 웃겨줄 수 있다면—
그게 바로 제대로 복받은 인생 아닐까요?

서인석의 마음 수첩

복이요?
나를 웃게 해주는 사람,
그리고 내가 웃게 해주는 사람이
곁에 있는 겁니다.

"지금, 잘 살고 계세요?"

누군가 그렇게 묻습니다.

그럴 땐, 잠시 생각에 잠깁니다.

눈부신 성공을 이룬 것도 아니고,

누구에게 자랑할 만큼 대단한 일도 없지만—

그래도 조용히, 이렇게 말할 수 있습니다.

"네, 오늘도 잘 살고 있습니다."

아프고, 지치고, 흔들리는 날도 있었고

주저앉고 싶었던 순간도 많았습니다.

그래도 하루를 버텼고,

웃을 수 있었고,

사랑을 느꼈습니다.

그게 인생이지요.

화려해서가 아니라,

제8장

그래서, 오늘도 잘 살고 있습니다

- 하루하루를 살아낸 사람만이 할 수 있는 고백

비로소 작고 단단한 행복을

알아차리게 되는 시간들.

이 장은,

그렇게 하루하루를 살아낸

저의 조용한 고백입니다.

넘치지 않지만 충분한 삶.

그래서, 오늘도 잘 살고 있습니다.

군상 - 서인석

"서로 다른 하루를 살아낸 사람들이,
같은 곳을 향해 걷는다."

이 그림을 그릴 땐,
내 마음이 말보다 앞섰습니다.
누구는 앞으로 뛰고,
누구는 뒤처지고,
누군가는 주저앉아 있는데—
그 모습이 꼭 우리 삶 같았습니다.
저마다 다른 하루를 살아낸 사람들이
하루 끝엔 묵묵히,
같은 방향으로 걷고 있었습니다.
그래서 이 그림의 제목은 〈군상〉입니다.
'여럿이지만 혼자가 아닌' 사람들의 얼굴을
나는 조용히 그리고 싶었습니다.
삶이란,
따로 걸어도 결국
같은 곳을 향하는 발걸음일지 모릅니다.
그래서 오늘도,
나는 천천히,
당신들과 함께 걷고 있습니다.

내가 유쾌하게 사는 이유
– 인생을 가볍게, 마음은 진지하게

사람들은 종종 묻습니다.
"선생님은 왜 그렇게 늘 유쾌하세요?"
사실은요,
저도 마음이 무너질 때 많습니다.
괜히 말없이 눈물 나는 날도 있고요.
그런데도 유쾌하게 살려고 애쓰는 건,
그게 제가 저를 지키는 방식이기 때문입니다.
한때는 진짜 '웃기는 사람'이었습니다.
카메라 앞에서, 무대 위에서,
눈빛 하나, 손짓 하나로
사람들 배꼽 잡게 만드는 게 제 일이었고,
그게 제 존재 이유였습니다.
그런데요,
정작 제일 안 웃던 사람은 바로 저였습니다.
남들 웃기느라
내 마음은 늘 뒤로 미뤄졌거든요.
왜냐고요?
"나를 웃기려면, 제가 먼저 웃으면 안 되거든요."

그게 코미디언의 숙명이자
무대 위의 아이러니였습니다.
그래서 이제는 좀 달라지기로 했습니다.
누굴 웃기기 전에,
나부터 웃어야겠다―
그 마음으로 하루를 시작합니다.
아침에 거울을 보며
"야, 잘 버텼다."
스스로 칭찬하고,
커피 한 잔에도 웃음이 묻어나게 연습합니다.
나이 들수록 알게 됩니다.
세상이 나를 웃게 해주길 기다리는 것보다,
내가 나를 먼저 웃게 하는 편이
훨씬 빠르고 확실하다는 걸요.
그래서 나는 오늘도
유쾌하게 살기로 합니다.
그게 제가 저를
가장 따뜻하게 대하는 방법이니까요.

서인석의 마음 수첩

남을 웃기는 사람도
자기를 웃기는 연습이 필요합니다.
유쾌함은 기술이 아니라,
자기 마음을 안아주는 태도였습니다.

아직도 할 일이 많다
– 나이 들어도 끝나지 않는 삶의 숙제

가끔은요,
해볼 만큼 해봤다는 생각이 듭니다.
무대도 서봤고, 방송도 해봤고,
사람들 웃게도 울게도 해봤습니다.
그래서 이제는 좀 쉬어도 되지 않나―
그런 생각이 들 때가 있습니다.
하지만 이상하게,
하루만 쉬고 나면 몸은 편해도 마음이 허전합니다.
아직 내가 해야 할 일이 남아 있다는 신호가
자꾸 등을 밀어댑니다.
예전엔 소주를 마셨습니다.
녹화가 끝나면, 무대가 끝나면…
혼자 조용히, 혹은 누구와 함께
소주잔을 기울이며 마음을 눌렀습니다.
그런데 지금은요,
스텐트 4개 박은 심장이 말합니다.
"이제 소주, 그만 마시자. 이러다 죽겠다."
예전엔 술로 풀었던 감정을

이젠 한 줄의 글로 풀어냅니다.

요즘 나는

젊은 가수들 노래를 들어주고,

좋은 곡을 찾아주고,

무대가 필요한 이들에게

자리를 만들어주는 일을 합니다.

그리고 노래 가사를 씁니다.

인생을 담은 노래를요.

언젠가는 멈추겠지요.

하지만 오늘은 아닙니다.

오늘도 나는 무언가를 씁니다.

누군가의 하루에

한 줄이라도 힘이 되는 말을,

어디선가 흘러들어 가

그 사람을 다시 일으켜 세울 수 있는 가사를요.

그래서 나는 말합니다.

아직도 할 일이 많습니다.

그 말 덕분에,

나는 오늘도 살아 있습니다.

서인석의 마음 수첩

스텐트 4개 박은 심장으로,
다시 한 줄을 씁니다.
"아직도 할 일이 많다."라는 말이,
제 삶을 가장 단단하게 만들어줍니다.

이제는 NG 없는 인생을 살고 싶다
– 편집 없는 삶을 위한 태도

그땐 몰랐습니다.
내가 했던 말 한마디,
내가 내렸던 모든 선택들이
편집도 없이 그대로
방송되고 있었다는 걸요.
무대에선 NG가 나면
다시 찍으면 됐습니다.
웃기지 못하면 다음 주에 또 기회가 있었고,
좀 엇나가도 자막으로 덮거나
음악으로 감정을 끌어올릴 수 있었죠.
그런데 인생은 달랐습니다.
인생은 생방송이었습니다.
대본도 없고, 리허설도 없고,
편집도 없는—
단 한 번뿐인 생방송.
살아오면서 NG 많이 냈습니다.
아니, 제 인생은 시종일관 NG투성이였죠.
하지만 지나간 일들을 후회한들

재방송이 됩니까?
앞날의 인생 방송이나 잘해봐야지요.
지금에서야 압니다.
그때 내가 던진 농담 하나가
누군가에겐 상처였고,
그날 내가 선택한 침묵이
누군가에겐 외면이었을 수 있다는 걸요.
그래서 이제는 다짐합니다.
남은 시간은 NG 없는 삶을 살아보자.
실수도 내 몫, 진심도 내 책임.
한 장면, 한 장면을
정말 연기하듯, 진심으로 살아내자.
어제보다 조금 더 나은 사람으로.
그리고 또 하나.
예전엔 늘 앞서고 싶었습니다.
누구보다 더 웃겨야 하고,
누구보다 더 앞에 서야
살아 있는 것 같았지요.
사람들의 반응이 전부였고,
박수 소리가
나를 존재하게 해준다고 믿었습니다.
하지만 지금은 다릅니다.

나란히 걷는 사람이

더 고맙고, 더 따뜻합니다.

같은 속도로, 같은 마음으로,

말없이 곁에 있어주는 사람.

그게 지금의 나에겐

가장 큰 복입니다.

요즘은 말입니다.

누군가 앞에서 큰소리치는 사람보다,

내 옆에서 조용히

손을 잡아주는 사람이

더 귀하게 느껴집니다.

그리고 그런 사람을 알아볼 줄 아는

내 마음도 이제는 제법 괜찮다고 생각합니다.

내 삶의 방향도, 속도도

이제는 내가 정합니다.

조금은 느려도 괜찮고,

빛나지 않아도 좋습니다.

중요한 건—

진심으로 하루를 살아내는 일입니다.

인생엔 편집이 없습니다.

모든 장면이 마지막 장면일 수 있고,

모든 말이 유언일 수 있습니다.

그러니 오늘 하루, 말 한마디도 조심히.
사람 하나도 성의 있게.
그렇게 내가 찍는
내 인생의 매 순간이—
부끄럽지 않은 화면이 되길 바라고 있습니다.
그리고 무엇보다,
남은 인생,
제 주변 사람들에게
진심으로 사랑하고 살아야겠어요.

서인석의 마음 수첩

인생은 생방송입니다.
NG가 없습니다.
그러니 오늘 하루,
진심처럼 살아야 합니다.

내일을 기다리는 마음

- 희망은 오늘보다 내일에 있다

예순다섯의 아침,
나는 여전히 '내일'을 기다립니다.
이 나이에 '기대'라니—
어쩌면 어울리지 않는 말일지도 모르지요.
많은 걸 해봤고,
많은 걸 잃어봤고,
설렘보다 무릎 통증이 먼저 오는 나이입니다.
그럼에도 불구하고—
아침이면 여전히 마음 한편이
조금 설렙니다.
"내일은 어떤 날일까?"
"누구를 만나게 될까?"
"이번엔 어떤 이야기를 또 쓰게 될까?"
그렇게 조용히, 그러나 또렷이
하루를 맞이합니다.
희망은 이제 더 이상
거창한 성공이나 대단한 업적이 아닙니다.
그저 하루를 더 살아낼 수 있다는 것.

그리고 그 하루가 또 나에게
조용히 주어졌다는 사실만으로도—
감사한 요즘입니다.
그 하루 안에
웃음 하나 얹을 수 있다면,
누군가의 어깨를
가볍게 두드려줄 수 있다면,
그걸로 나는 충분합니다.
젊었을 땐 '내일'이 늘 당연했습니다.
그래서 무심했고, 미뤘고,
언제든지 다시 할 수 있을 거라 믿었지요.
하지만—
한 번 멈췄던 심장을 경험하고 나니,
'내일'이라는 단어는
더 이상 습관이 아닌
선물처럼 느껴졌습니다.
의사의 말이 아직도 생생합니다.
"서 선생님, 두 달 전엔
심근경색이 왔던 겁니다."
그 말을 듣고 나서야 알았습니다.
'내일'이라는 시간은 절대 보장된 것이 아니라—
그저 조용히 건네지는 기적이라는 걸요.

그래서 요즘은

잠자리에 들기 전 하루를 감사히 정리하고

조용히 소망합니다.

내일도 노래할 수 있기를.

내일도 사랑하는 얼굴을 볼 수 있기를.

내일도 누군가를 웃게 할 수 있기를.

그런 마음으로 하루를 다독이고,

조용히 잠을 청합니다.

사람들은 말합니다.

나이를 먹으면 기대가 사라진다고.

하지만 나는 믿습니다.

기대가 남아 있는 사람은

아직 젊은 사람입니다.

기대는 곧 희망이고,

희망은 곧 살아 있다는 증거니까요.

예순다섯,

나이는 늘었지만—

내일을 기다리는 마음만큼은

아직도 청춘입니다.

젊음은 외모가 아니라

기다림이고,

심장의 박동이며,

하루하루에 담긴 설렘입니다.
그렇게 나는 오늘도,
내일을 기다리는 마음으로
하루를 정성스럽게 마무리합니다.

서인석의 마음 수첩

기다림이 있는 하루는
그 자체로 아직 청춘입니다.

하루하루 다정하게 마무리하기
- 무탈했던 하루에 감사하며

잘 사는 것보다
잘 마무리하는 게 더 어렵습니다.
돈 버는 법은
책에도 넘쳐나지만,
후회 없이 떠나는 법은
어느 책에도 적혀 있지 않더군요.
그래서 나는 요즘,
매일을 다정하게 살아보려 합니다.
언젠가 찾아올 이별을
덜 아프게 연습하듯이요.
좋은 날도,
나쁜 날도,
버티기 힘든 날도—
결국은 다 지나갑니다.
그 말은 무섭기도 하지만,
어쩌면 제일 따뜻한 위로이기도 합니다.
어제의 상처가 오늘의 바탕이 되고,
오늘의 눈물이 내일의 미소가 됩니다.

그렇게 시간을 버티다 보니
나는 조금씩 단단해졌고,
조금씩 다정해졌습니다.
예전엔 누군가의 말 한마디,
무심한 눈길 하나에도
마음이 요동쳤지만—
지금은 그 감정들을
천천히 흘려보낼 수 있게 되었습니다.
예전보다 조금 더 느긋해졌고,
내가 나를 안아줄 수 있는 여유가
생긴 것입니다.
내일은 모릅니다.
다음 주도 장담할 수 없습니다.
숨 쉬고 있는 지금 이 순간,
이 시간이 가장 확실하고
가장 젊은 나입니다.
이 시간이 언젠가의 마지막이 되어도
후회 없도록—
오늘 하루를 다정하게 감싸안고 싶습니다.
그래서 나는
하루를 마무리할 땐
작은 일에도 손을 얹습니다.

늦은 밤 조용한 집 안,
혼자 마시는 따뜻한 차 한 잔,
식탁 위에 남겨진 누군가의 메모 한 줄—
그런 소소한 장면들이
제 하루를 덮어주는 담요가 됩니다.
눈빛으로,
한숨으로,
그리고 가벼운 미소로
내 마음을 덮습니다.
그리고 그 곁엔
늘 같은 자리에 있어주는 사람이 있습니다.
제 마음이 조용히 접힐 수 있게,
아무 말 없이
물을 데워 차를 건네는 사람.
제 하루가 힘겨웠던 날에는
"오늘도 수고했어."
그 말 한 줄로 등을 다독여 주는 사람.
바로 제 아내입니다.
그 사람 덕분에
제 하루는 덜 날카롭고,
더 부드럽게 마무리됩니다.
그 다정한 마무리들이 쌓여

내 인생의 마지막 장면을
조금 더 따뜻하게 만들어줄 거라 믿습니다.
잘 웃었던 하루,
조용히 안아줬던 저녁,
다정하게 잘 자라고 말했던 순간들―
그런 기억 하나하나가
남은 삶을 지켜주는 조각이 될 거라 믿습니다.
그래서 나는 오늘도,
어김없이 이렇게 말합니다.
"오늘도 수고했다, 인석아.
내일도 잘 부탁한다."
그리고 속으로 조용히 덧붙입니다.
"당신 덕분에,
오늘도 참 따뜻했어."

서인석의 마음 수첩

모든 것은 흐릅니다.
한 번도 머물지 않기에,
오늘 하루는 다정하게 손잡고 잘 겁니다.

하고 싶은 것 하며 살자
- 꿈은 나이에 구애받지 않는다

요즘은 나이라는 게
그렇게 큰 벽이 되지 않는 시대입니다.
오히려 나이 들수록 더 젊어지고 싶은 마음,
다들 있잖아요? 저도 그래요.
젊은 오빠 임하룡 형님처럼요.
빨간 양말은 신지 않더라도,
마음만은 다이아몬드 스텝으로 살아야죠.
어느 병동에서
죽음을 앞둔 어르신들께 물었다고 합니다.
"가장 후회되는 게 무엇인가요?"
대부분 이렇게 대답하셨대요.
하고 싶은 걸, 괜히 눈치 보느라 못 한 거요.
그게 인생입니다.
지금 이 순간, 하고 싶은 거 하며 살아야죠.
물론, 그러려면 건강해야 합니다.
진짜 건강이 최고입니다.
결국 중요한 건요,
길이가 아니라

얼마나 내 삶이 '좋았는가' 아닐까요.

많이 가진 사람보다,

기쁨을 잘 느끼는 사람이 좋고

많이 배운 사람보다,

고마움을 아는 사람이 더 행복해 보입니다.

계산기 두드리듯 인생을 따지면,

결국 마지막엔 다 비슷비슷하게 정리되는 것 같아요.

우쭐할 필요도,

남과 비교할 이유도 없지요.

그냥 오늘 하루,

나답게, 사람답게 살아가는 겁니다.

서인석의 마음 수첩

살다 보니 깨달았습니다.
하고 싶은 걸 못 하고 사는 게, 제일 아깝더라고요.

나답게 살아갑니다

− 비교하지 않고 나로 사는 법

"이젠 좀 쉬셔야죠."
그 말을 들을 때마다
웃으면서도 마음 한편이 서운합니다.
쉬고 싶어서 쉬는 게 아니라,
할 일이 없어 쉬는 게 더 서럽거든요.
무대에 있을 땐 늘 바빴지만
그 바쁨 속엔 '내가 있어야 할 자리'라는
분명한 감각이 있었습니다.
요즘은 모두 건강부터 걱정합니다.
"무리하지 마세요."
"몸부터 챙기세요."
그중에서도 아내가 가장 다정하게 말합니다.
"여보, 이제 좀 쉬어요."
그 한마디엔
밤마다 제 숨소리를 걱정한 시간과
느려진 걸음을 기다려준
긴 사랑의 마음이 다 들어 있습니다.
그래서 함부로 "괜찮아."

그 말이 쉽게 안 나옵니다.
하지만요,
아직도 제 안엔 무대가 살아 있습니다.
카메라가 없어도,
조명이 꺼져 있어도—
노래를 쓰고,
후배들이 제 곡을 부르는 모습을 보면
가슴이 뛰고,
여전히 살아 있음을 느낍니다.
사는 이유가 뭐 그리 대단한가요.
지금도 한 곡을 더 쓰고 싶고,
누군가 내 노래를 흥얼거려줬으면 하는
그 마음 하나면,
그걸로 오늘도 충분합니다.
의사 선생님은 웃으며 말합니다.
"진짜 살고 싶으면 뱃살부터 빼셔야 해요."
농담 같지만,
그 말이 마음엔 똑 떨어지더군요.
그래서 요즘은
무리하지 않고,
욕심 부리지 않고,
덜어내며 살고자 합니다.

무대가 사라졌다고
인생이 끝난 건 아닙니다.
나는 지금도,
조용히 나만의 무대를 준비합니다.
그리고 그 옆엔 늘,
한결같이 저를 지켜준 아내가 있습니다.
이제는 나를 위한 무대가 아니라,
그녀에게 미안하지 않기 위한 무대로
살아가고 싶습니다.

서인석의 마음 수첩

쉬라고 할 때 쉰 사람은 많아도,
끝까지 자기 삶의 무대를 지킨 사람은 흔치 않습니다.
나는 오늘도, 나답게 살아갑니다.

스트레스 없는 남자, 서인석

– 인생을 간결하게 사는 법

얼마 전 SBS 아침 방송 〈좋은 아침〉에 출연했습니다.
주제가 바로 '화병'이었죠.
그 유명한 화병(Hwa-byung).
정신의학계 이시형 박사님이
세계 최초로 학계에 등재한 병명이라고 하더군요.
그날 녹화 중에 스트레스를 측정하는 코너가 있었는데요,
놀랍게도 제 수치가
기계가 개발된 이후 '세 손가락 안에 드는'
스트레스 거의 없는 사람으로 나왔다는 겁니다.
사람들이 다들 고개를 갸웃했어요.
"에이~ 기계 고장 난 거 아냐?"
왜냐고요?
제가 누구보다 롤러코스터 같은 인생을
살아왔다는 걸 다들 알고 있었거든요.
그런데 말입니다,
사실 제가 숨겨놓은 병이 하나 있습니다.
이 병은 아무리 검사를 해도 안 나오는 병인데요,
이름하여,

'뭐든 유머로 풀어보려는 병'입니다.

불편한 상황도, 아픈 기억도,

늘 웃음으로 덮어보려는 습관이

몸에 깊이 배어 있거든요.

겉으론 괜찮아 보여도

속으론 계속 웃음의 방패를 들고 사는 거죠.

그게 제 삶을 지탱해 준 무기이자,

어쩌면 가장 오래된 상처일지도 모릅니다.

나는 항상 유머를 생각하면서 살아서인지,

화가 잘 안 납니다.

누가 속을 뒤집어놔도,

한번 자고 나면 그냥 잊어버리는 스타일이에요.

(사실, 바보처럼 보여서 손해도 좀 봤죠. ㅎㅎ)

제가 가진 노하우요? 별거 없습니다.

"한 박자만 늦추고 살자."

급할 거 없습니다.

조금 느리게,

조금 덜 민감하게,

조금 덜 따지면서 살다 보면

스트레스가 슬며시 옆으로 빠져나갑니다.

생각해 보니,

우리 선조님들도 그걸 아셨던 모양입니다.

성씨에 '천천할 서(徐)'를 넣은 거 보면요.
하루쯤은 느릿하게,
억지로 나서지 않고,
조금 늦게 웃으며 살아보는 것도 괜찮지 않을까요?
어쩌면요,
삶은 너무 어렵게 풀려고 하지 않아도 됩니다.
우리는 그냥,
가볍게 웃고,
한 박자 늦게 숨 쉬고—
그렇게 살아도 충분히 괜찮은 사람들이니까요.

서인석의 마음 수첩

인생을 너무 꽉 잡으려고 하면,
손바닥 안에 들어오는 것도 다 흘러나갑니다.
가볍게 웃고, 한 박자 늦게—
그게 제가 배운 인생의 호흡입니다.

웃음은 최고의 성형수술이다
– 얼굴보다 마음이 예뻐지는 순간

어른이 된다는 건,
웃을 이유를 찾기보다
웃을 여유를 잃어간다는 뜻일지도 모릅니다.
복잡한 세상에 살다 보니,
이젠 웃음도 사치가 돼버린 거죠.
그래서 생각하게 됩니다.
세상에서 제일 값싸고,
제일 효과 좋은 성형수술이 뭘까.
저는 이렇게 말하고 싶습니다.
웃음이야말로 최고의 성형수술이다.
한 푼 안 들이고,
사람 얼굴을 예쁘게 만드는 기술입니다.
제 아내 이야기입니다.
연애하기 전에 처음 봤을 땐, 뭐랄까…
얼굴이 그렇게 '예쁜 편'은 아니었습니다.
그런데 말입니다.
살다 보니, 자꾸 예뻐지더라고요.
왜냐고요?

많이 웃어서입니다.
정말 많이, 예쁘게 웃는 사람입니다.
서초동에서 작은 비즈니스를 하고 있는 아내에게
고객들이 하나같이 말합니다.
"원장님 얼굴은 참 편안해 보여요."
그러면 아내는 히히히 웃으며 말합니다.
"제가 못생겨서, 부담이 없나 봐요."
그 말이 왜 그렇게 귀엽고, 고마운지 모르겠습니다.
나는 아내의 얼굴을 영어로 이렇게 표현하고 싶습니다.
'Prety' ― 't' 하나 없는 예쁜 Pretty.
그래서 더 예쁩니다. 웃음 덕분입니다.
사람 얼굴을 진짜 예쁘게 만드는 건
마음에서 올라오는 웃음입니다.
내가 제일 많이 웃는 사람이 될 때,
그 웃음이 내 얼굴을,
내 인생을 가장 예쁘게 바꿔놓습니다.

"제 아내입니다. 제 말, 맞죠?"

서인석의 마음 수첩

웃음은 눈꼬리를 올리고,
마음은 그 눈꼬리를 따라 웃는다.
그게 진짜 예쁜 얼굴이다.

피식 웃고 자는 밤

– 잠들기 전 마지막 웃음 하나

"행복해서 웃는 게 아니라, 웃어서 행복한 것입니다."
코미디클럽에서 마무리 인사할 때,
제가 항상 했던 말입니다.
그 말, 요즘 따라 더 자주 떠오릅니다.
나이를 먹고, 삶이 무거워지니
웃을 일이 점점 줄어듭니다.
관계도 예전 같지 않고,
마음 놓고 웃을 자리는 더 귀해졌지요.
그런데 나는 점점 확신하게 됩니다.
웃음은 감정이 아니라, 태도라는 것을요.
나를 살리는 가장 따뜻한 습관,
그게 바로 '웃음'입니다.
어린아이는 하루에 300번을 웃는다지만,
어른은 겨우 8번이라네요.
한번은 캄보디아에 봉사활동을 간 적이 있습니다.
시엠립 근처였는데,
장애인 악단이 길거리 공연을 하고 있었지요.
우리가 지나가자 아리랑이 흘러나왔습니다.

놀라서 가이드에게 물었지요.
"어떻게 우리가 한국 사람인지 알지요?
전부 비슷하게 생겨서 모를 텐데요?"
가이드가 이렇게 답하더군요.
일본 사람들은 질서 있게 줄을 서 있고,
중국 사람은 무지하게 시끄럽고,
한국 사람은 전부 인상 쓰고 다닌다고요.
"그걸 보고 어느 나라 사람인지 판단한 뒤
맞춰서 음악을 연주한다고 합니다."
그 얘기에 웃었지만, 사실은 좀 울컥했습니다.
정작 웃음이 가장 필요한 나라, 우리 대한민국.
그런데 요즘은 TV를 틀면
누구는 어떻다 저떻다 서로 씹어대고,
누구를 고소하고, 누구를 잡아들이고,
끝도 없이 터지는 사건 사고뿐입니다.
그런 뉴스보다, 나는 잠들기 전엔
그냥 한 번쯤 웃고 싶습니다.
예전엔 저도 날카로운 풍자를 많이 썼습니다.
스포츠조선에서 칼럼을 연재했고,
서울시정일보와 한국미디어에선
논설위원으로도 활동했지요.
그땐 사회의 부조리를

날카롭게 꼬집는 게 제 역할이라 믿었고,
많은 이야기를 웃음 속에 담아 던졌습니다.
하지만 지금은 생각이 조금 달라졌습니다.
웃음을 줄 때도,
이제는 날카로운 칼날이 아닌 온기로 전하고 싶습니다.
그래서 요즘 바람이 하나 있습니다.
매일 밤 9시 뉴스가 끝나면, 반드시 코미디프로가 나왔으면 좋겠습니다.
19금이든, 전체 관람가든 상관없습니다.
그냥 배꼽 빠지게 웃다 잠들면,
아침이 조금은 더 따뜻하지 않을까요?
나는 코미디 같은 제 인생을 통해 알게 됐습니다.
"웃음 속에, 인생이 다 있다."

서인석의 마음 수첩

잠들기 전에 피식 웃었다면,
그날은 참 잘 살아낸 하루입니다.
거울을 보고 피식 웃어보세요.
나도 살고, 내 옆 사람도 살릴 수 있습니다.

내가 자주 가는 장소 3곳
- 하루 중 가장 많은 시간을 보내는 공간

요즘 내가 가장 자주 가는 곳은
딱 세 군데입니다.
첫째는 동네 약국.
둘째는 내 책상.
셋째는 화장실입니다.
예전 같았으면
누가 "요즘 어디 자주 다니세요?" 물으면
"방송국 갑니다, 행사 있어요."
그렇게 대답했겠지요.
그땐 조명이 켜진 무대가 내 세상이었고,
카메라가 돌아가는 스튜디오가 내 일상이었습니다.
그런데 지금은 다릅니다.
제일 자주 나가는 곳이 약국입니다.
"약국 좀 다녀왔어요."
이 말이 요즘 내 가장 흔한 외출 보고입니다.
그곳에서
혈압약, 고지혈약, 전립선 약—
이른바 실버 건강 3종 세트를 타옵니다.

약 봉투를 들고 약국 문을 나설 때면
속으로 중얼거리게 됩니다.
"그래도 내가 참 오래도 잘 버텼구나."
두 번째는 내 책상입니다.
예전엔 책상은 그저 잠시 머무는 곳이었지만,
이젠 하루 중 가장 많은 시간을 보내는 공간입니다.
책상 위에는 컴퓨터, 책 한 권, 이어폰,
그리고 메모지가 있습니다.
그 메모지에 적히는 건
노래 가사 한 줄일 때도 있고,
방금 떠오른 생각 한마디일 때도 있습니다.
그리고 마지막은,
아주 사적인 공간― 화장실입니다.
가장 조용한 공간이고,
내가 나와 가장 솔직해지는 공간이기도 합니다.
거기 앉아 있으면
세상의 모든 시끄러움이 멀어지는 듯하고,
가끔은 그 안에서 웃기지도 않은
개그 아이디어가 떠오르기도 합니다.
그 세 공간을 오가며
나는 요즘도 하루를 살아냅니다.
아무도 주목하지 않는 일상 속에서,
소소하지만 소중한 시간을 채워갑니다.

서인석의 마음 수첩

화려하진 않아도,
이제 내 하루엔 익숙한 장소들이
조용한 위로가 되어주고 있습니다.

시간이 빨리 간다는 건, 아직 살고 있다는 뜻이다

- 사람은 소리보다 마음으로 남는 존재

요즘 따라 하루가 참 빨리 지나갑니다.
눈을 뜨면 벌써 점심이고,
식사 한 끼 하고 나면 어느새 저녁이고,
저녁 뉴스 한번 보다 보면 하루가 끝나 있습니다.
예전 같았으면
"벌써?" 하며
시간 가는 게 아쉬웠을 겁니다.
뭔가 더 해야 할 것 같고,
하루가 너무 짧다며 속상해했겠지요.
그런데 요즘은
좀 다르게 생각하게 됩니다.
하루가 빨리 간다는 건,
내가 여전히 움직이고 있다는 뜻입니다.
아직도 마음이 가고,
해야 할 일이 있고,
떠올릴 사람과
꺼내고 싶은 말이 있다는 뜻이지요.
시간은 멈춰 있는 사람 옆에선 천천히 가지만,

살고 있는 사람 곁에선 바쁘게 흘러갑니다.
그러니까 요즘의 나는 이렇게 생각합니다.
"시간이 빨리 가는 건,
내가 아직도 살아 있다는 증거구나."
돌아보면, 나는 참 많은 무대에 섰습니다.
대본이 있었고, 조명이 있었고, 감독이 있었습니다.
하지만 인생이란 무대는 달랐습니다.
대본도 없고,
누가 언제 등장하고 퇴장할지도 모르는 생방송이었습니다.
그래서 결국 기억에 남는 건
대사 한 줄이 아니라,
그 대사에 담긴 마음 한 줄이더군요.
그래서 이제는
하고 싶은 말이 있으면,
바로 합니다.
"고맙다." "미안했다." "사랑한다."
그 말들은 미루지 않기로 했습니다.
마음은 유통기한이 짧더라고요.
그때 꺼내지 않으면,
그 말은 내 안에서 상해버립니다.
그러니 지금 꺼내는 게 맞습니다.
예전엔 박수가 힘이었습니다.

무대 위에서 누군가 크게 웃어주고
박수를 쳐주면,
그게 제 존재를 확인시켜 주는 것 같았습니다.
그런데 지금은 다릅니다.
조용히 눈빛으로 웃어주는 사람,
말없이 옆에 앉아 있는 사람—
그 사람이 주는 위로가
훨씬 더 크게 느껴집니다.
결국 사람은
소리보다 마음으로 남는 존재라는 걸,
이제는 알겠습니다.
하루가 빨리 가는 게 아쉬운 게 아닙니다.
오히려 고맙습니다.
그만큼 내가 아직도 살아 있고,
누군가를 향해 마음이 움직이고 있다는 증거니까요.

서인석의 마음 수첩

시간이 빨리 간다고 아쉬워하지 않기로 했습니다.
그만큼 내 마음이 아직 살아 있고,
내 하루가 아직 따뜻하다는 뜻이니까요.

"미.인.대.칭.감" 운동을 제안합니다
- 먼저 웃고, 먼저 손 내밀어 주세요

오늘 나는
대한민국 모두에게 하나의 운동을 제안하고 싶습니다.
이름하여, "미.인.대.칭.감" 운동입니다.
요즘 세상, 점점 각박해졌죠.
웃는 사람보다 찡그린 사람이 많고,
인사보다 불신이 먼저고,
말보다 오해가 많은 시대입니다.
그래서 더더욱 필요한 게
바로 이 다섯 가지입니다.
첫째, "미" ― 먼저 미소 짓기.
미소는 경계심을 무장해제시키는
가장 따뜻한 무기입니다.
먼저 웃는 사람 앞에서는
사람도, 감정도, 마음도
자연히 풀어집니다.
둘째, "인" ― 먼저 인사 건네기.
인사는 관계의 문을 여는 열쇠입니다.
먼저 인사하는 사람은

먼저 마음을 여는 사람입니다.

셋째, "대" — 대화를 시작하되, 경청이 먼저입니다.

말을 잘하는 것보다,

상대의 말을 잘 들어주는 사람이

진짜 대화를 시작한 사람입니다.

경청은 소통의 첫걸음입니다.

넷째, "칭" — 칭찬 먼저 건네기.

작은 칭찬 한마디가

사람을 춤추게 합니다.

고래도 춤추게 한다잖아요?

다섯째, "감" — 감사를 잊지 않기.

감사할 일이 있어서 감사하는 게 아니라,

감사하다 보면

기분이 좋아지고, 삶이 달라지고,

마음도 더 부드러워집니다.

오늘부터 시작해 보면 어떨까요.

미~ 먼저 미소,

인~ 먼저 인사,

대~ 듣는 대화,

칭~ 마음 담은 칭찬,

감~ 매일매일 감사하기.

이 다섯 가지가

오늘 하루를
더 유쾌하고 따뜻하게 만들어줄 겁니다.

서인석의 마음 수첩

우리는 모두, 누군가에게
꽃이 될 수 있는 사람입니다.
먼저 웃고, 먼저 손 내밀 수만 있다면.

연애는 타이밍이라지만,
부부는 습관이라는 말이 있습니다.
처음엔 그 말이 와닿지 않았습니다.
늘 특별했던 감정이
어떻게 습관이 될 수 있을까, 싶었지요.
그런데 살아보니 알겠더라고요.
매일 같은 사람과, 같은 밥을 먹고,
같은 시간을 견딘다는 건—
사랑만으로는 부족하다는 걸요.
말이 없어도 눈빛으로 다 아는 사이,
섭섭함은 침묵으로 넘기고,
사랑은 어느새
배려라는 이름으로 자리를 바꿔 있었습니다.
함께 웃고,
함께 늙어가는 그 시간 속에서
우리는 천천히
같은 사람이 되어갔습니다.
기념일보다 일상에서
더 자주 서로를 알아가는 사이.
소란스럽지 않아도,
말없이 곁을 내주는 마음—
그게 가장 단단한 동행이었습니다.

제9장

부부, 가장 오래된 동행

— 서로를 이해하는 데
  반평생이 걸렸다

이 장은,
오랜 시간 옆을 지켜준 '내 사람'에게
건네는 조용한 고백입니다.
살아보니,
서로를 이해하는 데는
반평생이 걸리더라고요.
그리고 이제는,
그 사람 없인 하루가 어색해질 만큼
깊어진 사랑을,
조금은 늦게,
그러나 진심으로 말하고 싶습니다.
여보, 고맙습니다.
당신이 있어 오늘도
나는 참 괜찮은 사람입니다.

내 아내 - 서인석

"함께 늙어간다는 건, 서로의 시간을 닮아가는 일입니다."

"함께 늙어간다는 건,
서로의 시간을 닮아가는 일입니다."
그 문장이 마음속에 오래 맴돌던 어느 날,
나는 조용히 붓을 들었습니다.
누구에게 보여주기 위한 그림이 아니라,
그저 내 삶에 가장 오래, 가장 가까이
머물러준 얼굴을 그리고 싶었습니다.
웃을 때마다 눈가가 접히고,
잔소리하면서도 손끝은 늘 따뜻했던 사람.
내가 지쳐 있을 때는
말없이 등을 토닥여 주던 사람.
무대에 설 때마다 조용히 한쪽에 앉아
작은 미소로 응원해 주던 사람.
"제 아내는 이 세상에서 가장 예쁜 웃음을 가졌습니다.
내 마음속 아내보다, 제 그림 솜씨가 많이 부족해
그 웃음을 다 담지는 못했습니다."

우리가 닮아간다는 건, 같은 곳을 보기 시작했다는 뜻
- 오래 함께한 사람만이 아는 시선

"두 분은 얼굴이 정말 많이 닮으셨어요."
그런 말을 자주 듣습니다.
처음엔 웃으며 아니라고 했습니다.
그런데 살아보니,
진짜 닮아가고 있더군요.
표정도, 말투도, 웃음도,
걱정하는 방식까지도.
서로를 오래 바라보다 보니
같은 곳을 보고,
같은 말을 꺼내고,
같은 데서 울컥하게 되었습니다.
이제는 묻지 않아도 압니다.
당신이 왜 잠시 말을 아끼는지,
왜 주방을 서성이며
눈치를 보는지.
말보다 눈빛이 먼저 움직이고,
대답보다 한숨이 먼저 전해집니다.
그게 부부라는 이름으로

함께 살아온 시간의 무게입니다.
누군가는 말합니다.
'오래 살면 닮는다'고.
나는 조금 다르게 말하고 싶습니다.
"서로를 오래 바라보다 보면,
결국 같은 곳을 보기 시작하는 것."
사랑은 거창한 게 아니라,
같은 계절에 같은 바람을 느끼는 일이고,
같은 노래를 들으며
조용히 고개를 끄덕이는 마음입니다.
이제는 당신의 표정을 보면
내 마음이 먼저 움직입니다.
내가 아플 땐 당신이 더 먼저 힘들어하고,
내가 웃으면 당신이 따라 웃습니다.
그리고 그 미소를 보며
다시 내가 웃습니다.
그게 우리가 함께 살아낸 세월입니다.
"우리가 닮았다는 말, 요즘 참 듣기 좋습니다."

서인석의 마음 수첩

닮아간다는 건 결국
같은 풍경을 바라본다는 뜻입니다.
그리고 그 풍경 안에 당신이 있다는 것,
그게 내 인생에서 가장 큰 기쁨입니다.

내 인생의 유일한 팬, 마누라
– 단 한 사람의 변치 않는 지지

내 인생의 절반은 마누라 덕분입니다.
말은 많지 않아도
나보다 나를 더 잘 아는 사람.
'괜찮다'고 말하면서도
눈빛 하나로 내 상태를 먼저 알아채는 사람.
툭툭 던지는 말이
잔소리처럼 들릴 때도 많았지만
지금 생각해 보면,
그 말 한마디에
내 고집을 꺾고, 방향을 바꾸고,
삶의 속도를 조절한 날이 참 많았습니다.
겉으로는 제가 큰소리쳤지만,
늘 등 뒤에서 조용히 저를 붙들어 준 사람.
내가 힘들다는 말을 꺼내기도 전에
손을 먼저 내밀어 준 사람.
그게 바로 제 마누라였습니다.
그래서 이 말만큼은 꼭 남기고 싶습니다.
"마누라, 참 고맙다.

말로는 못 해도, 내 마음은 늘 당신 편이야."
그리고 이 나이에도
나는 여전히 사랑하고 싶습니다.
꽃을 보면 예뻐서 웃음이 나고,
음악을 들으면 가슴이 울컥하고,
당신 손을 다시 꼭 잡고 싶어지는 마음이
자주 올라옵니다.
사랑이란 게 꼭
젊은 사람들만의 전유물은 아니더군요.
예순다섯이 넘은 지금도
문득 가슴이 뛸 때가 있습니다.
살아 있다는 걸 가장 따뜻하게 느끼는 순간입니다.
요즘은 제가 만든 노래에 박수를 쳐줍니다.
가끔은 제가 부르는 모습을
핸드폰에 살짝 담아두기도 합니다.
물론, 술 마신 다음 날이면 여전히 혼납니다.
"건강 좀 챙겨요, 당신."
그러면서도
밥상 위 북엇국 한 대접,
말없이 내미는 숟가락.
그 안에 그 사람의 사랑이
고스란히 담겨 있다는 걸 나는 잘 압니다.

세상 모두가 저를 오해해도,
마누라만 내 편이면 나는 괜찮습니다.
무대가 사라져도, 방송이 줄어들어도—
그 사람이 "나는 당신이 제일 멋있다."라고 말해주면,
그 말 한 줄이면
나는 오늘도 무대에 설 자격이 있다고 믿습니다.

서인석의 마음 수첩

세상 사람 모두가 등을 돌려도 괜찮습니다.
내 인생에 단 한 명,
끝까지 손을 잡아준 그 사람이 있으니까요.
그 사람이 웃어주는 날이면,
나는 오늘도 살아갈 이유가 충분합니다.

당신이 있어, 내가 버틴 날들

– 아내가 있어 견딘 시간들

사람들이 말합니다.
"그땐 어떻게 버텼어요?"
글쎄요.
버틴다는 건, 이유보다 사람이 먼저였던 것 같습니다.
당신이 있어서,
나는 무너지지 않았습니다.
당신이 아무 말 없이 내 옆에 있었기에,
그 침묵이 나를 지켜줬습니다.
웃고 있을 땐 몰랐습니다.
늘 함께였기에
그 시간이 얼마나 귀한지
당연한 줄 알았습니다.
하지만 아플 때,
낮은 자리에서 혼자 있을 때,
그제야 알았습니다.
당신의 미소가 얼마나 단단했는지.
제가 흔들릴 때마다
당신은 웃었고,

제가 버거울 때마다

당신은 따뜻하게 밥을 차렸습니다.

누군가는 명언 한 줄로 위로받는다지만,

저는 당신의 손등 한 번으로도

한참을 버틸 수 있었습니다.

방송이 줄고,

사람들의 관심이 옅어질 때도

당신은 변하지 않았습니다.

그 모든 날의 저를

고스란히 받아주고

웃어주고

때론 혼도 내주었습니다.

살아보니,

힘들다고 말하지 않아도

그 마음을 먼저 알아주는 사람이

진짜 '내 편'이더군요.

이제 와 생각합니다.

제가 해낸 게 아닙니다.

당신이 함께 걸어준 덕분입니다.

당신이 나를 지켜본 것이 아니라,

당신이 나를 일으켜 준 날들이었습니다.

그래서 나는,

이제 남은 날들을
그저 버티는 마음이 아니라
함께 살아내는 마음으로 채워가고 싶습니다.
마지막 무대가 내려가고,
관객이 모두 떠난 뒤에도
당신이 옆에 있다면
그걸로 충분합니다.

서인석의 마음 수첩

내가 버틴 날들에는 언제나
당신이 있었습니다.
그래서 나는
그 모든 날을 사랑이라 부릅니다.

마누라가 웃어야 인생이 산다
– 웃음의 원천은 늘 그녀였다

나는 무대에서
수많은 사람을 웃겨봤습니다.
방송국 스튜디오에서,
전국을 도는 무대 위에서,
때로는 길거리 공연장에서도
"개그맨 서인석입니다!" 하고 인사하며
박장대소를 끌어낸 날이
한두 번이 아니었습니다.
예전엔 그게 제일 중요한 일이었습니다.
얼마나 많이 웃겼는지,
얼마나 터졌는지,
관객의 호흡을
내 타이밍 안에 넣는 게 전부였지요.
그런데 지금은 달라졌습니다.
요즘은 그런 큰 박수보다
단 한 사람의 웃음이
훨씬 더 귀하고,
훨씬 더 소중하게 느껴집니다.

그 한 사람,
바로 제 아내입니다.
마누라가 웃는 날엔
하루가 덜 피곤하고,
마누라가 찡그리는 날엔
아무리 맛있는 걸 먹어도
목이 멥니다.
예전엔 몰랐습니다.
"밥 줘."
"왜 기분이 그래?"
"말 좀 해봐."
툭툭 던지듯 말하면서도
정작 그 얼굴 하나
제대로 들여다보지 못했습니다.
그게 익숙해서 다정인 줄 알았고,
무심한 듯 챙기면
괜찮은 줄 알았습니다.
그런데 어느 날부터였습니다.
마누라의 표정 하나에
제 하루의 기압이 좌우된다는 걸
알게 되더군요.
그날 마누라가 웃는 얼굴이면

세상이 괜히 다 괜찮아 보이고,
그 얼굴이 흐리면
저도 모르게 기운이 빠집니다.
식탁에 앉아 국 하나 먹으면서도,
TV를 함께 보면서도,
별거 아닌 농담에
"어우, 진짜~" 하며
웃어주는 그 모습이—
요즘 제가 제일 좋아하는 풍경입니다.
이제는 확실히 말할 수 있습니다.
제 삶의 우선순위가 바뀌었습니다.
예전엔 관객 500명을 웃기는 게 제 일이었지만,
지금은 단 한 사람,
마누라를 웃게 하는 일이
제 인생의 전부입니다.
그 웃음 하나로
오늘 하루가 무사히 지나가고,
그 웃음 하나로
내 마음도 덜 외로워집니다.
그리고 생각해 보면,
지금 제가 가장 긴 통화를 하는 사람도
아내입니다.

하루에 전화 세 통.

다 마누라입니다.

"밥 먹어."

"어디야?"

"언제 와?"

그 짧은 세 마디가

제 하루의 안전벨트입니다.

세상이 아무리 시끄러워도,

이 짧은 말 속에

제 삶의 평온이 다 들어 있습니다.

이 글을 읽는 누군가가 있다면,

꼭 전하고 싶은 말이 있습니다.

사람을 많이 웃기지 않아도 괜찮습니다.

당신이 사랑하는

단 한 사람을 웃게 할 수 있다면,

그것이 진짜 행복입니다.

저에게 그건 바로 마누라고,

그 웃음이 제 인생의

최고의 박수입니다.

서인석의 마음 수첩

세상을 다 웃겨도
마누라가 안 웃으면,
그날은 꽝입니다.
오늘도,
마누라 웃는 얼굴 하나면
나는 충분히 잘 살아낸 겁니다.

잘 살아왔는지, 내게 묻고 당신에게 고백한다
– 마지막으로 건네는 고백

요즘은 가끔 조용히 묻습니다.
"그래도 잘 살아온 걸까."
누가 묻지 않아도, 내가 나에게 던지는 질문입니다.
별일 없이 하루를 마치고 소파에 앉아
커피 한 잔 들고 있으면
문득 그 물음이 마음 안에서 올라옵니다.
"그땐 왜 그렇게 말했을까."
"조금만 더 참았으면 어땠을까."
"지금 나는 잘하고 있는 걸까."
정답은 없고, 질문만 늘어나는 나이입니다.
젊었을 땐 잘 살고 있다는 확신이 있었습니다.
성과도, 수입도, 박수도 있었으니까요.
하지만 지금은 그 기준들이 흐릿해졌습니다.
박수도 줄고, 무대도 줄고,
전화도 뜸해졌습니다.
늘어난 건 약 봉투.
달력엔 병원 진료가 먼저 적히고
식사 약속은 그 뒤로 밀립니다.

그래도 가슴이 따뜻해지는 순간들이 있습니다.
예전 방송을 다시 보다가,
내가 쓴 시를 우연히 다시 읽다가,
누군가 내 노래 듣고 눈물 흘리는 모습을 보다가
그럴 때면 생각이 듭니다.
'그래도 나, 헛되게 살진 않았구나.'
누가 증명해 주지 않아도 괜찮습니다.
그렇게 마음에 남은 장면 하나하나가
살아온 날들의 증거가 되어줍니다.
그리고 나는 아직도 글을 씁니다.
시를 쓰고, 노랫말을 만들고,
누군가 웃게 될 한 줄을 고민합니다.
그렇다면 아직 끝난 게 아닌 겁니다.
살아 있다는 건,
잘 살고 있다는 쪽으로
계속 걸어가고 있다는 뜻이니까요.
예전엔 더 많은 무대,
더 큰 갈채를 꿈꿨지만—
이제는 압니다.
행복은 내 곁에 있었고
내가 그걸 놓치고 있었던 겁니다.
아침에 아내가 끓여준 된장국,

약 봉투 옆에 써준 메모 한 줄,
병원 복도를 함께 걷는 느린 걸음들.
그 모든 게 다 행복이었습니다.
내 아내는 말없이 옆에 있어주는 사람이고,
그 존재 자체가 기적이라는 걸 이제는 압니다.
그래서 오늘도 조용히 대답해 봅니다.
"그래도 참 잘 살아왔다고,
내가 나한테 말해줄 수 있을 것 같다."
그리고 그 말 한 줄은
오늘 밤 나를 울리지 않고,
무사히 잠들게 해줍니다.
"당신이 내 옆에 있어서,
오늘도 나는 참 따뜻합니다."

서인석의 마음 수첩

잘 살았는지 묻는 건,
앞으로 더 잘 살고 싶다는 마음이
아직도 살아 있다는 뜻이오.
행복은 멀리 있는 게 아니오.
매일 밥 짓고, 국 끓여주는
사람의 손등 위에 있소.

실수도 껴안고, 마음도 꺼내는 사람

– 사랑은 이해로 완성된다

후회 없는 삶이란, 실수까지 껴안는 삶입니다.
저는 단 한 번도 완벽하게 살아본 적이 없습니다.
웃기려다 도를 넘기도 했고,
내 말 한마디에 상처받은 사람도 있었을 겁니다.
그땐 몰랐습니다.
내가 그렇게 서툴렀다는 걸.
그런데 지금은 압니다.
그 실수들 덕분에,
내가 더 사람다워졌다는 걸요.
이젠 알고 있습니다.
완벽한 사람보다, 실수하고도 돌아볼 줄 아는 사람이 더 깊다는 걸요.
상처를 줬다면 '미안하다'고 말할 수 있는 사람.
그게 지금 내가 되고 싶은 어른의 모습입니다.
그래서 요즘은 '괜찮다'는 말도 함부로 하지 않습니다.
자꾸 괜찮다 괜찮다 하면, 그 말이 내 마음을 속입니다.
사실은 힘든데,
사실은 무너지고 있는데,
괜찮은 척만 하다 보면

내 안이 먼저 무너집니다.
그래서 이제는 말합니다.
"오늘은 좀 그렇다."
"요즘 마음이 자꾸 가라앉는다."
그렇게 꺼내는 말 한마디가
내 마음을 구해주고,
누군가의 마음에도 문을 엽니다.
'괜찮지 않다'고 말할 수 있는 사람이,
진짜 단단한 사람이라는 걸 이제는 압니다.
그리고 그런 저를
가장 먼저 알아채는 사람이 있습니다.
바로 제 아내입니다.
제가 말없이 멈춰 있을 때,
그 침묵의 색깔을 읽는 사람.
제가 서툴러도, 실수를 해도,
그걸 다 코미디처럼 웃어주는 사람.
말보다 먼저 손을 내밀어 주고,
넘어진 날엔 제 손을 잡고 함께 일어서는 사람.
그 사람 덕분에
저는 아직도 유쾌하게 살아갈 수 있습니다.
실수도 껴안고,
마음도 꺼내놓다 보면,

내가 누구였는지
조금씩 더 선명해집니다.
웃기려 애쓰던 시절보다,
지금이 오히려 마음이 더 정직합니다.
이제는 내 감정과 내 실수도
사랑하면서 살아가고 싶습니다.
그리고 그 모든 과정을
묵묵히 함께해 주는 아내에게
조용히 고백합니다.
"여보, 나보다 당신이 더 어른이에요."

서인석의 마음 수첩

괜찮은 척 말고,
괜찮지 않다고 말하는 용기.
그게 진짜 어른입니다

행복은 작고, 사람은 조용하다

- 말없이 곁에 있어주는 사람, 그게 진짜 행복이었습니다

고마운 사람은
크게 웃겨준 사람이 아니었습니다.
오히려 말없이, 내 옆에 조용히 있어준 사람이었습니다.
하루가 힘든 날엔
말없이 국 끓여주던 마누라가 있었고,
내 말이 끝날 때까지
고개만 조용히 끄덕여 주던 친구가 있었습니다.
그들은
뭘 가르치려 들지도 않았고,
괜히 위로한다고 오버하지도 않았습니다.
그냥, 마음이 들릴 만큼 가까이에만 있어줬습니다.
무대가 끝나고,
불 꺼진 대기실에 혼자 앉아 있던 날들이 문득 떠오릅니다.
그 어두운 시간 속에서
조용히 떠오르던 얼굴들이 있었습니다.
어떤 말보다 큰 힘이 되었던
그 다정한 고요가, 저를 살렸습니다.
박수도, 이름도 사라진 시간 속에서—

사람의 온도는 그렇게 조용히 남더군요.
아침이 오면, 나는 또 한 번 그 고마움을 느낍니다.
눈을 뜨면 아직 내 몸이 내 편이고,
부엌에서는 마누라가 국을 끓이고 있고,
창문 틈으로는 커피 향이 느껴집니다.
이 평범한 세 가지가 제게는
살아 있다는 증거입니다.
젊었을 땐 그걸 몰랐습니다.
행복은 뭔가를 성취해야 따라오는 거라 믿었고,
인정받고, 칭찬받아야 겨우 느낄 수 있는 줄 알았습니다.
그런데 살아보니,
행복은 참 작고 조용한 것이더군요.
누군가가 밥을 사주는 게 아니라,
같이 밥을 먹어주는 사람.
박수 소리보다 식탁 맞은편에서 마주치는 미소 하나가
더 따뜻하게 마음을 감싸줍니다.
지금의 나는,
크게 웃지 않아도 좋습니다. 울지 않아도 괜찮습니다.
다만 조용히, 무사히 하루를 보내는 것.
오늘 하루가 무탈하게 지나가고,
누군가 내 곁에서 따뜻한 밥을 같이 먹어준다면—
그걸로 충분한 날이 많아졌습니다.

그래서 나는 요즘, 이렇게 말합니다.
"행복은 멀리 있지 않다.
말없이 국 끓여주는 그 사람 옆에, 이미 와 있었다."

서인석의 마음 수첩

행복은 누가 만들어주는 게 아니라,
조용히 곁을 지켜주는 사람 안에서
서서히 피어나는 것이었습니다.

"같이 가요"라는 말이 좋아진 나이
– 함께 걷는 삶의 온기

예전엔 늘 앞서고 싶었습니다.
누가 더 먼저 성공하는지,
누가 더 크게 박수를 받는지—
그게 곧 인생의 성적표라고 믿고 살았습니다.
무대에서도, 방송에서도, 일상에서도
늘 '1등'을 바라봤습니다.
항상 뭔가를 이뤄야 하고,
남들보다 한 발 더 앞서 있어야만 덜 불안했습니다.
뒤처지는 순간,
마치 모든 걸 잃는 듯한 느낌이 들었으니까요.
그래서 쉬지도 못했고,
늘 바쁘게 달렸습니다.
그런데 지금은, 마음이 조금 달라졌습니다.
이제는 누가 먼저 가느냐보다,
누가 옆에 있느냐가 더 중요해졌습니다.
앞서가는 사람보다,
옆에서 나란히 걸어주는 사람이
더 고맙고, 더 오래 남습니다.

빨리 가는 길보다,
오래 걷는 길이 더 마음에 남는 법이지요.
요즘 나는
"같이 가요."라는 말이 참 따뜻하게 들립니다.
예전엔 "제가 먼저 가볼게요."
"제가 처리해 놓을게요."
같은 말이 익숙했습니다.
그래야 책임감 있어 보이고,
성실한 사람처럼 느껴졌으니까요.
하지만 이제는 다릅니다.
"잠깐 기다릴게요."
"우리 같이 가요."
이 짧은 말 한마디가
훨씬 더 따뜻하고,
훨씬 더 단단한 느낌을 줍니다.
그동안 너무 앞서려 애쓰느라
놓친 것들이 많았습니다.
무대 위의 박수와 환호,
끝없이 바빴던 하루들 속에서—
옆 사람의 표정 하나,
따뜻한 인사 한 줄을 자주 놓쳤습니다.
누가 먼저 도착했느냐보다,

어떤 풍경을 보며

어떤 이야기를 나눴느냐가

더 오래 기억된다는 걸

이 나이에 비로소 알게 되었습니다.

'같이'라는 단어가 편해졌다는 건,

나도 그만큼

누군가를 기다릴 줄 알게 됐다는 뜻입니다.

급하게 내달리던 길에서

잠시 속도를 늦추고,

옆 사람의 걸음에 발을 맞추는 일—

그게 인생의 리듬이라는 걸

이젠 자연스럽게 체득하게 되었습니다.

그래서 오늘도 나는 누군가에게 이렇게 말합니다.

"같이 가자."

이 한마디가 요즘 제일 마음 편한 인사입니다.

누군가와 함께 걷는다는 것.

그게 결국,

나를 가장 나답게 만들어주는 길이었습니다.

서인석의 마음 수첩

혼자 멀리 가는 것보다,
같이 천천히 걷는 게
훨씬 따뜻하고 오래 남습니다.

함께라서 참 다행입니다

- 같이 늙는다는 건, 함께 웃는 하루를 쌓아가는 일입니다

같이 늙는다는 건,
그저 함께 나이만 먹는 일은 아니었습니다.
주름이 늘고, 기억이 조금씩 흐려져도
당신을 바라보는 내 눈빛은
예전보다 더 따뜻해졌고, 더 오래 머뭅니다.
돌이켜 보면,
우리도 마음이 어긋난 날이 많았습니다.
한 사람은 앞서가고, 한 사람은 뒤처지던 시절.
말이 칼날처럼 날 서던 밤도 있었고,
서로를 향해 등을 돌렸던 적도 있었습니다.
그래도 참 고맙습니다.
그 많은 계절을 지나
지금은 말보다 눈빛이 먼저 통하고,
손끝 하나에도 마음이 전해집니다.
젊었을 땐 혼자가 멋있다고 생각했습니다.
혼자 일어나고, 혼자 일하고,
무대 위에서도 혼자 빛나야 한다고 믿었지요.
그게 프로답다고, 남자답다고 착각했습니다.

하지만 무대가 끝나고 조명이 꺼진 밤,
당신 없는 집은 늘 조용했고,
그 조용함이 참 쓸쓸했습니다.
박수 소리에 파묻혀
내 외로움을 외면했던 날들이
지금은 미안합니다.
지금은 알겠습니다.
식탁에 마주 앉아
된장국을 나눠 먹는 그 순간이,
함께 드라마를 보며 웃고 우는 그 시간이
얼마나 소중한 축복인지.
요즘은 '같이'라는 말이
참 고맙게 들립니다.
별말 없이 안부를 묻고,
눈을 마주치고,
하루에 한 번, 손을 잡아주는 일.
그게 오늘을 잘 살았다는 증거입니다.
기억은 조금씩 흐려지겠지만,
당신과 나눈 말,
함께 웃던 그 소리는
내 마음 한가운데 아직 또렷합니다.
젊은 날엔

이름을 남기고 싶어서 무대 위를 달렸지만,
이제는 당신과 나란히 걷는 이 시간이
내 인생에서 제일 멋진 무대입니다.
남은 시간, 거창할 것 없습니다.
같이 밥 먹고, 같이 텔레비전 보고,
같이 늙어가는 그 평범함이
내겐 가장 소중한 일입니다.
그래서 하루에 한 번,
이 말을 꼭 전하고 싶습니다.
"나, 당신 옆에 있어서 참 다행이야."

서인석의 마음 수첩

같이 늙는다는 건,
서로를 안쓰러워하는 일이 아니라
서로를 천천히 이해해 가는 인생의 마지막 성장입니다.

함께 걷는 길이, 인생입니다
– 평행이 아닌 동행의 삶

살아보니 알겠습니다.
인생은 어디로 가느냐보다,
누구와 걷느냐가 더 중요하다는 걸요.
젊었을 땐 길이 먼저였습니다.
좋은 대학, 이름값 있는 직장,
남들 다 가는 '정답 같은 길' 위에 나도 있어야
안심이 됐습니다.
그게 잘 사는 줄 알았고,
그렇게 걸어야만 덜 불안했습니다.
그런데 말입니다.
그 길에서 누가 함께 있었느냐—
그게 시간이 지나니 더 크게 남습니다.
길이 아무리 좋아도 옆에 사람이 없으면
허전하다는 걸, 이제야 알게 됩니다.
반대로, 비포장도로라도
좋은 사람이랑 함께 걷는다면—
그 길은 꽃길이 됩니다.
사람은 결국

길이 아니라, 사람 안에서 자란다는 말.
그 말이 요즘 들어 더 깊이 실감납니다.
무대도 그랬습니다.
잘된 날보다, 누군가와 함께했던 무대가
더 오래 기억에 남습니다.
같이 웃고, 같이 떨고, 함께 울던 그 순간이—
무대보다 더 찬란하게 빛났습니다.
걷는 사람 하나 바뀌면
세상이 달라 보입니다.
속도를 맞추게 되고,
같이 본 풍경을 이야기하게 되고,
길이 조금 틀어져도
서로 웃으며 다시 걸어가게 됩니다.
요즘은 이렇게 생각합니다.
세상의 중심이 꼭 어디든 상관없고,
정해진 종착지가 없어도 괜찮습니다.
함께 걷는 사람이 있다면
그 하루하루가 삶이고,
그 시간이 곧 인생입니다.
나이가 들어서야
비로소 알게 된 게 하나 있습니다.
좋은 길을 걷는 것도 중요하지만—

그 길 위에서 어떤 마음으로 걸었느냐가
더 중요하다는 사실입니다.
누군가를 기다리며 걷던 길,
나 혼자 마음 추스르며 걸었던 길,
그 모든 기억들이
결국 나를 여기까지 데려다준 걸음이었습니다.
요즘은 하루라는 여정이
꼭 어딘가를 향하지 않아도 좋다고 느낍니다.
평범한 골목길도, 반복되는 일상도—
함께 걷는 사람이 있다면
그 자체로 충분한 여행이 됩니다.
그리고 혼자의 시간도
외로움이 아니라,
곁을 기억하게 하는 고요함이 됩니다.
그렇게,
혼자보다 함께라서 참 좋았습니다.

서인석의 마음 수첩

인생은 어디로 가느냐보다
누구와 걷느냐에 따라,
그 길의 풍경이 달라집니다.

마음이 먼저 웃는 사람

- 끝까지 웃을 수 있는 사람, 그 사람이 결국 살아남는 사람입니다

잘 웃는 사람이고 싶었습니다.
밝고 따뜻한 웃음으로
누군가의 긴 하루를 덮어줄 수 있는 사람.
그런 사람이 되고 싶었습니다.
하지만 젊었을 땐 그게 참 어려웠습니다.
늘 뭔가를 이뤄야 했고,
남보다 앞서야 했고,
욕심도 많았습니다.
잘 보여야 했고,
뺏기면 안 될 게 너무 많았으니
웃을 여유는 늘 뒷전이었습니다.
웃고 있어도 그 안엔
불안과 경쟁심이 뒤섞여 있었습니다.
지금 생각하면,
그땐 웃고 싶어도
웃는 법을 몰랐던 시절이었습니다.
웃음이란 건 여유에서 나옵니다.
그리고 그 여유는

내려놓을 줄 아는 데서 시작된다는 걸
그땐 몰랐습니다.
사람들 앞에서 웃고 있었지만,
그건 대부분 생존을 위한 가식이었고
쇼맨십이었고,
나 자신에게조차 위장이었습니다.
무대 위에선 박수가 쏟아졌지만,
무대 아래의 나는
늘 긴장 속에 갇혀 있었습니다.
무너지지 않기 위해 웃었고,
들키지 않기 위해 웃었습니다.
하지만 지금은 조금 다릅니다.
끝까지 웃을 수 있는 사람이, 결국 살아남는 사람이라는 걸
이제는 압니다.
그 웃음 속에 아픔도 품고,
그럼에도 따뜻해질 줄 아는 사람.
그게 진짜 웃음이고,
그게 진짜 강한 사람입니다.
요즘 나에게 가장 큰 무기는
경쟁력도, 말발도 아닙니다.
그저 미소 하나.
그게 가장 크고, 가장 묵직합니다.

진심으로 웃을 수 있다는 건

마음속에 분노보다 평화가 많다는 뜻이고,

그 평화는 오랜 시간

내 마음을 들여다본 사람만이 얻을 수 있는 것입니다.

누군가는 종종 묻습니다.

"요즘 별일 없으시죠?"

예전 같았으면 서운했을 그 말이

지금은 가장 듣기 좋은 인사처럼 느껴집니다.

전화 한 통 없는 하루,

문제 생기지 않는 하루,

시간만 무탈하게 흘러가는 하루.

그게 얼마나 귀한 건지,

이제는 압니다.

젊었을 땐

무언가 특별한 일이 있어야

하루가 의미 있다고 믿었지만,

지금은 다릅니다.

아무 일 없는 날이 가장 특별한 날이라는 걸 알게 됐습니다.

그래서 나는 그 평범한 하루를

미소로 덮고 싶습니다.

크게, 진하게,

마음 다해 웃는 사람.

나보다 남을 더 위로할 수 있는 미소.

그 미소 하나로 누군가의 긴장을 녹일 수 있는 사람.

말없이도 기운을 전할 수 있는 사람.

세상을 이기려 하지 않고,

그저 조용히, 자기 마음부터 품는 사람.

나는 그런 사람으로 살고 싶습니다.

그리고 그 미소의 중심엔

언제나 아내가 있습니다.

내가 무대 위에서 힘껏 웃을 수 있었던 건,

무대 아래에서 조용히 웃고 있던

그 사람의 시선 덕분이었습니다.

제게 가장 깊은 위로는

관객의 박수가 아니라,

그 사람의 미소 한 줄.

지금도 그 웃음이 저를 지탱해 줍니다.

제가 남긴 웃음이

누군가의 하루를 조금 더 밝히고,

누군가의 가슴 한편에서

오래오래 잔잔히 기억되기를 바랍니다.

그 웃음이 내가 살아온 삶의 결론이자,

내 마지막 인사였으면 합니다.

서인석의 마음 수첩

웃는다는 건,
세상을 이기려 하기보다
자기 마음을 먼저 풀을 줄 아는 용기입니다.

사람은 언젠가 떠납니다.

그건 누구도 피해갈 수 없는, 인생의 약속 같은 일이지요.

젊었을 땐 그 마지막이 참 멀게만 느껴졌습니다.

하지만 지금은,

문득문득 그 마지막 장면을 생각하게 됩니다.

그렇다면 나는, 무엇을 남기고 가야 할까요.

집 한 채, 돈 몇 푼, 한때 잘나갔던 시절의 이름 말고—

사람들 마음에 조용히 남는 말 한마디면 좋겠습니다.

"수고 많았어요."

"덕분에 웃었어요."

"그 사람, 참 따뜻했지."

그런 말들로 내 인생이 설명된다면,

나는 충분히 잘 살다 가는 겁니다.

젊었을 땐 이름을 남기고 싶었습니다.

지금은 마음을 남기고 싶습니다.

제10장

남기고 싶은 한마디

- 내 삶의 마지막 인사

마지막 무대가 있다면, 그곳에서

내 삶의 마침표를

내 손으로, 내 목소리로,

조용하고 따뜻하게 찍고 싶습니다.

그 말이 누군가의 하루를 덜 외롭게 해주고,

그 인사가 누군가의 마음속에 오래 남는 진심이 된다면—

그보다 더 좋은 이별이 있을까요.

이 장은, 언젠가 나의 마지막 무대에서

어떤 한마디를 남길 수 있을지

그 마음의 리허설입니다.

그리고 그 마지막을

가장 먼저 들어주었으면 하는 사람은,

역시 당신입니다.

여보, 당신 덕분에…

내 인생이 참 따뜻했습니다.

다시 오지 않을 날을 위하여 - 서인석

"함께했던 시간이, 나의 마지막 한마디가 되어주기를."

우리는 늘,

무대 위보다 무대 아래를 더 오래 기억합니다.

뜨거웠던 조명도, 쏟아지던 박수도 결국은 사라지지만—

곁에서 등을 감싸안아 준 손의 온기는 오래 남더군요.

이 그림을 그릴 때,

나는 '끝'보다는 '함께'를 떠올렸습니다.

다시 오지 않을 날들이라는 걸 알면서도,

그 시간을 웃으며 견뎌준 사람들.

말없이 내 어깨에 손을 올려준 동료들과의 기억.

죽음을 자주 떠올립니다.

그건 삶을 더 단단히 안고 싶다는 뜻이기도 하지요.

그래서 나는 오늘도

말이 아닌 그림으로 내 인사를 남깁니다.

내 인생의 마지막 한마디가 있다면,

그건 아마 이렇게 들릴 겁니다.

"그때 함께여서, 참 좋았어요."

이제야, 내 마음이 내 편이 되었다
- 늦게 만난 진짜 나

예전엔 내가 나를 참 많이 다그쳤습니다.
모자라다고, 안된다고, 왜 너만 이러냐고—
스스로에게 가장 야박했습니다.
누가 뭐라 하지 않아도 내가 먼저 나를 꾸짖고,
마음속에서 수없이 욕하고, 실망하고,
때론 미워하기까지 했습니다.
그런데 시간이 흐르니까—
어느 날, 조용히 속에서 이런 말이 나왔습니다.
"인석아, 넌 괜찮아. 지금까지도, 잘 살아왔어."
그 순간, 참 오래 미뤄뒀던
내 마음의 응원이 비로소 도착한 겁니다.
늦게 온 격려였지만, 그래서 더 진했고, 더 깊었습니다.
이제야, 내 마음이 내 편이 되어준 겁니다.
그리고 나는 지금도
'쓰이고 싶다'는 마음으로 살아갑니다.
무대는 줄었고, 방송도 예전만 못하지만—
내 이야기, 내 노래가 누군가의 하루를
조금이라도 따뜻하게 만들 수 있다면,

그걸로 나는 충분합니다.
예전 같았으면 남의 시선부터 의식했을 겁니다.
하지만 지금은—
내가 내 마음을 안아주니까
그 눈길도, 그 소문도 그리 아프지 않더군요.
그리고 이제는,
슬픔도 제 자리에 두고 살아갑니다.
처음엔 억울했습니다. 왜 나만 이렇게 아픈가.
왜 나만 겪어야 하나. 속으로 울고, 혼자 삼키고—
그러다 또 웃고, 다시 조용히 살아냈습니다.
하지만 지금은 아닙니다.
그 슬픔마저도 내 인생의 일부라는 걸요.
이젠 자주 꺼내진 않지만, 조용히 어깨 위에 얹고
그 무게를 인정하면서 살아갑니다.
억지로 털어내려 하지 않고, 그냥 안고 갑니다.
그게 지금, 내가 택한 방식입니다.

서인석의 마음 수첩

제일 늦게 도착한 응원이
가장 깊이 울렸습니다.
이젠 내 마음이, 내 편이 되어주었습니다.

말줄임표 같은 하루, 조용히 마음을 덮는 계절
– 쉼표로 정리된 하루

요즘 나는,
말줄임표처럼 살아갑니다.
말끝을 흐리고, 결론보다는 여운을 남깁니다.
"그럴 수도 있지…."
"뭐, 그런 거지…."
"다 그런 거야, 뭐…."
이런 말들이 요즘은 더 자연스럽고,
편안하게 다가옵니다.
예전엔 말이 딱 떨어져야 시원했습니다.
정확해야 마음이 풀렸고, 논리로 이겨야 속이 후련했지요.
그런데 지금은 정답보다 공감이 먼저입니다.
논리보다 눈빛, 말보다 한숨.
그 한숨 하나에 더 많은 이야기가
담겨 있을 때가 있습니다.
말줄임표 안에는
지금까지 살아온 인생이 다 들어 있습니다.
"말하지 않아도 알잖아."
그 말이 어색하지 않은 나이가 되었습니다.

고개 한번 끄덕이면 마음이 전해지는 순간이 있습니다.
말이 없어도 위로가 되고,
침묵 속에도 마음이 흐른다는 걸
이 나이에 와서 알게 되었습니다.
그리고 요즘은,
조용히 마음을 덮는 계절 속에 살고 있습니다.
젊었을 땐 계절마다
무엇인가를 해야 할 것 같았습니다.
봄이면 꽃놀이, 여름이면 바다,
가을엔 단풍, 겨울이면 어딘가 떠나는 여행.
계절에 맞는 이벤트가 있어야
그 계절을 산 것 같았지요.
하지만 지금은 다릅니다.
창밖을 그냥 바라보는 시간도 좋습니다.
햇살이 커튼 너머로 스며들고,
바람이 나뭇가지를 흔드는 소리만 들어도
그 안에 계절이 있습니다.
그저 그렇게—
조용히 마음을 덮어주는 시간이 고맙습니다.
이제는 압니다.
몸보다 마음이 덮이면 세상은 덜 춥습니다.
따뜻한 말 한마디, 걱정해 주는 눈빛 하나,

혼자 마시는 국물 한 모금에도—
사람은 다시 살아납니다.
젊은 시절엔 몰랐던 온기입니다.
혼자여도 괜찮고, 조용해도 외롭지 않은
마음의 계절입니다.
말줄임표 같은 하루.
확신은 없지만, 조용한 마음 하나 덮고
오늘도 그렇게 하루를 살아냅니다.
찬란하지 않아도 괜찮고,
뚜렷하지 않아도 충분합니다.
지금 나는, 그런 하루에 익숙해져 가는 중입니다.

서인석의 마음 수첩

말줄임표는 끝이 아니라,
마음이 잠시 쉬어가는 자리랍니다.

고요 속에 내가 남긴 것들
- 침묵 속에 새긴 기록

1991년 방송대상 신인상을 받았던 그해부터 약 10년간은
참 시끄럽게 살았습니다.
하루에도 몇 개의 스케줄을 소화했고,
사람들 사이를 오가며 웃고 또 웃겼습니다.
말이 많았고, 약속은 넘쳤고,
일은 끝도 없이 이어졌습니다.
무대에 오르면 숨 돌릴 틈도 없이 달려야 했고,
방송국 복도에만 있어도
존재감이 채워지는 기분이었습니다.
그 소란스러운 시간 속에서—
나는 나를 잊었습니다.
'잘나간다'는 말에 기대어
하루하루를 소진하며 살았습니다.
남들이 만들어준 '웃기는 사람'이라는 이미지에
내 감정은 늘 뒤로 밀렸고,
어느 날 문득 거울을 봤을 땐
내 표정조차 낯설었습니다.
내가 어떤 사람인지,

무엇을 좋아하고
어디로 가고 싶은지—
그건 뒤로 미뤄둔 숙제처럼
마음 한편에 늘 쌓여만 갔습니다.
그리고 시간이 흘러 지금,
조용한 시간을 보내고 있는 이 순간—
그제야 조금씩 알게 되었습니다.
이제는 고요한 시간이 많아졌습니다.
창밖 바람을 바라보다가,
마누라가 내려준 커피를 마시며
멍하니 앉아 있다 보면
내 마음이 조용히 말을 겁니다.
"인석아, 참 수고했다.
정말 많이 애썼다."
그 말 한마디가
요즘 나를 가장 따뜻하게 붙잡아 줍니다.
화려했던 그때도 좋았지만,
지금의 이 조용함이
오히려 더 사람답고,
내 삶의 온도를 회복시켜 주는 것 같습니다.
그리고 이제야 분명히 알게 되었습니다.
인생은 무엇을 자꾸 채우는 일이 아니라,

조용히 무엇을 남기고 가느냐의 문제라는 걸요.
욕심을 채우면 넘치고,
넘친 건 결국 흘러내립니다.
손에 쥔 걸 꼭 쥐고 있으면
언젠간 손이 아프고,
끝내는 그것도 놓치게 됩니다.
그래서 이젠 마음을 남기기로 했습니다.
따뜻한 말 한마디,
누군가가 기억해 줄 미소,
잊히지 않을 온기.
그게
진짜 나라는 사람을 남기는 방식이란 걸,
이제는 압니다.
이름보다 마음이 기억에 남는 사람이고 싶습니다.
"아, 그 사람 참 따뜻했지."
그렇게 말해주는 한 사람이 있다면,
그걸로 나는 충분합니다.
가진 걸 자랑하기보다,
마음을 나눴던 사람으로
오래 기억되고 싶습니다.
그게 지금 이 고요한 시간이
내게 가르쳐준 삶의 방식이고,
나이 들며 가장 깊이 품게 된 마음입니다.

서인석의 마음 수첩

화려하게 살았던 날들도 좋았습니다.
하지만 나를 끝까지 따뜻하게 지켜준 건,
고요 속에서 조용히 남은 '마음'이었습니다.

나를 지탱한 단어들

– 말보다 마음으로 남은 것들

젊을 땐 말이 많았습니다.
내가 옳다는 걸 말로 증명해야 했고,
존재감이란 건 입 밖으로 얼마나 또렷이 꺼내느냐에
달린 줄 알았습니다.
주장을 세우고, 목소리를 내고,
누군가에게 내 뜻을 설명하는 일이
당연한 의무처럼 느껴졌습니다.
말을 해야 산다고 믿었고,
조용하면 사라질 것만 같았으니까요.
그런데 지금은 조금 다릅니다.
나이가 들수록, 말보다 마음의 무게가 더 크게 느껴집니다.
한 단어를 꺼내기까지 망설이고,
그 단어가 전하는 여운을 오래 곱씹게 됩니다.
말은 줄었지만, 마음은 더 깊어졌습니다.
그리고 깨닫습니다.
그동안 나를 붙잡아 준 건
화려한 수식어나 거창한 문장이 아니었다는 걸요.
오히려 아무도 모르게 남아 있던 짧은 말 한 줄.

"수고했어요."

"그렇게도 잘 살아오셨어요."—

지나가듯 건넨 말들이

제 삶의 벽 어딘가에 조용히 붙어 있었습니다.

그 말들이 제가 흔들릴 때마다

등을 조용히 떠밀어 주었습니다.

누가 해준 말인지조차 기억나지 않지만,

그 말 한 줄이 지금까지의 저를 만들었습니다.

말이 줄어들면서,

오히려 더 많은 말들이 제 안에서 울립니다.

소리 내지 않아도 내 마음속에 살아 있는 말들.

그래서 요즘은 스스로에게 더 자주 말을 건넵니다.

"오늘도 잘 살았다."

"고생했어, 인석아."

그렇게 내가 나에게 해주는 말이

가장 따뜻해야 한다는 걸 이제는 압니다.

젊었을 땐 세상의 말에 흔들렸지만,

지금은 내 안의 말이 나를 다시 일으킵니다.

오늘도 나는 그 단어 하나에 기대어

하루를 살아냅니다.

사람보다 말이 오래 남고,

말보다 마음이 오래 갑니다.

결국 나를 지탱해 준 건
누가 해준 말이 아니라,
내가 끝까지 믿고 싶었던 말 한 줄이었습니다.

서인석의 마음 수첩

나를 끝까지 버티게 한 건,
누가 해준 말이 아니라,
내가 끝까지 품고 있었던 말 한 줄이었습니다.

그가 남긴 웃음, 그리고 조용한 작별

– 코미디언의 마지막 인사

어느 날, 모르는 번호로 전화 한 통이 걸려왔습니다.
받아보니 정말 오랜만에 듣는 목소리였습니다.
조금산.
오래전 무대에서 함께 웃고 울던 동료 개그맨.
한때 "반갑구만~ 반가워요~"라는 유행어로
전국을 들썩이게 만들었던 그 사람.
형식적인 안부를 주고받은 뒤,
그는 조심스레 말했습니다.
"저… 혹시 무대 자리 하나 있을까 해서요.
미국에서 막 들어왔는데 마땅히…"
말끝이 길지 않았습니다.
야간업소 무대를 찾고 있다는 말이었지요.
그 말 속엔
조용한 간절함이 숨어 있었습니다.
나 역시 한때 전국을 누비며
그런 무대에 많이 섰던 사람이기에,
그가 왜 전화를 했는지
단번에 알 수 있었습니다.

하지만 세상은 변해 있었습니다.
그 시절 우리들의 무대는 이제 거의 사라졌고,
웃음이 필요했던 자리에
이제는 음악과 조명만이 남아 있었습니다.
나는 조심스럽게 말했습니다.
"지금은 그런 일 자리가 잘 없어요.
그래도 얼굴 한번 봅시다."
그게 우리 둘의
마지막 통화가 되었습니다.
며칠 후,
뉴스에서 그의 부고를 보았습니다.
사망 사유는 '자살'.
가족은 미국에 있고,
이혼 후 혼자 귀국했다는 이야기였습니다.
무대는 사라졌고,
조용한 귀국은 외로웠을 겁니다.
환호성 없는 인생의 막이
그렇게 내려갔습니다.
그가 그리웠던 건
관객의 박수였을까요.
무대 위의 조명이었을까요.
아니면 누군가 '잘 지내냐'고 묻는

그 한마디였을까요.

그의 유행어처럼,

"반갑구만~ 반가워요~"

그 웃음은 아직도 귓가에 남아 있는데

정작 그는

세상과 조용히 작별했습니다.

사람은

사람 사이에서 살아야 합니다.

고독은

항상 말없이 다가오니까요.

그의 떠남 앞에서

나는 마음속으로 되뇝니다.

"사람을 잊지 말자.

살아 있을 때,

한 사람의 안부를 먼저 묻는 사람이 되자."

서인석의 마음 수첩

고독은 침묵으로 오지만,
사람은 사람 사이에서 살아야 합니다.
그를 기억하며,
오늘 내 옆 사람의 안부를 먼저 묻습니다.

"자살"을 거꾸로 하면 "살자"입니다

– 말 한마디가 생명을 구한다

어떤 날은요,
웃는 것도 버겁고,
살아야 할 이유가 하나도 안 보일 때가 있습니다.
그럴 땐 그냥 누워서 한숨만 쉬게 됩니다.
그리고 그 한숨이 점점 깊어지면,
문득 이런 말이 떠오릅니다.
"그냥 다 끝내버릴까…."
요즘 대한민국은
자살률 세계 1위 국가입니다.
하루 평균 48명,
30분마다 한 명씩 생을 마감한다고 하지요.
누군가는 번개탄을 피우고,
누군가는 다리 위에 서 있습니다.
너무도 조용히,
너무도 쉽게,
목숨이 사라지고 있습니다.
그런데요—
이 말을 꼭 전하고 싶습니다.

"자살"이라는 단어를 거꾸로 읽으면 "살자"입니다.

말장난처럼 들릴지 모르지만,

저는 이 한마디에 참 많은 위로를 받았습니다.

죽고 싶은 마음이 드는 건

그 사람이 약해서가 아니라,

그만큼 외롭고,

그만큼 아팠기 때문입니다.

자살의 대부분은

깊은 우울에서 시작됩니다.

그리고 그 중 일부는,

소주 한 병,

술기운에,

충동적으로 저지르는 경우도 많습니다.

그런 생각이 들 때,

제발, 조금만 기다려 주세요.

죽지 않아도 우리는 결국 다 죽습니다.

그건 확실한 사실이니까요.

너무 조급해하지 마세요.

살아 있는 지금,

그걸로 이미 대단한 겁니다.

저도 그랬습니다.

문득,

그냥 사라지고 싶던 날이 있었습니다.

두 번이나—

정말로 번개탄을 피우려 한 적도 있었지요.

그땐 죽는 게 사는 것보다

조금은 쉬울 것 같았습니다.

그 누구에게도 미안하단 말 없이

조용히 끝내고 싶었습니다.

그런데 실패했습니다.

죽는 것도

마음처럼 안 되더군요.

그리고 혼잣말처럼 이렇게 중얼거렸습니다.

"이런 것도 실패하냐, 인석아."

그 이후,

저는 캄보디아로 봉사를 떠났습니다.

처음엔 그저

지친 마음을 달래고 싶어서였는데—

아이들을 만나고,

사람들과 부딪히다 보니,

'삶'이라는 게 뭔지

조금씩 다시 느껴졌습니다.

어디선가, 누군가에게

제가 여전히 필요한 사람이라는 걸요.

삶은 '사람(人)'이라는 글자가 들어간다는 말,
그게 이제는 가슴에 와닿습니다.
사람은 사람 사이에서 살아야 합니다.
혼자는 안 됩니다.
어두운 방에 혼자 있지 마세요.
그 순간들이 가장 위험합니다.
죽고 싶은 마음이 들 때마다
제 손을 다시 잡아준 사람이 있었습니다.
내가 끝내 울음을 삼키던 날에도
묵묵히 옆에 앉아 있어준 사람.
조용히 북엇국을 끓이고,
내 안부를 묻지 않아도 다 아는 사람.
그 사람이 바로, 내 아내였습니다.

서인석의 마음 수첩

죽고 싶던 마음으로 하루를 버텼고,
그 하루가 쌓여 지금의 내가 되었습니다.
삶의 끝에서,
내 손을 다시 붙잡아 준 사람—
그 사람 덕분에,
나는 다시 살기로 했습니다.

생전 장례식
– 살아 있을 때, 웃으며 작별하기

나는 살아 있을 때, 웃으면서
내 장례식을 치르고 싶습니다.
요즘은 생전 장례식을 준비하는 사람들도
많아졌다고 하더군요.
삶의 마지막을 스스로 기획하고,
보고 싶은 사람을 미리 부르고,
사랑한다고 말하고,
미안하다고 사과하고,
서로의 눈을 보며 작별 인사를 나누는 시간.
저도 생각해 봤습니다.
내 생전 장례식.
무대가 하나쯤 있었으면 좋겠습니다.
기왕이면 신나는 트로트도 흐르고,
내가 만든 노래도 부르고,
사람들의 박수 속에서
웃으며 퇴장하고 싶은 마음입니다.
울지 말아주세요.
혹시라도 제 생전 장례식에 오신다면,

절대로 울지 말고, 꼭 웃어주세요.
울기엔, 나는 참 잘 살았습니다.
그 시간을 함께해 준 사람들 덕분에
여기까지 잘 버텼고,
지금도 고맙고, 행복합니다.
그리고 그 자리에
제가 가장 고마운 사람도 꼭 함께 있어야 합니다.
바로, 제 아내.
제 곁을 누구보다 길게 지켜준 사람.
좋을 때나 아플 때나,
말없이 손을 잡아준 사람.
그녀 앞에선 꼭 말하고 싶습니다.
"여보, 당신 덕분에
나는 웃으면서 떠날 준비를 해요."
그렇게 한 곡 노래 부르고,
한 번 손 흔들고,
나를 아껴준 사람들 눈을 바라보며
조용히 고개 숙여 인사하고 싶습니다.
내 장례식이 슬픈 자리가 아닌,
다정한 송별회가 되길 바랍니다.
그게 제가 바라는 마지막 무대입니다.
그리고 그날, 저는 어떤 노래를 부를까요?

물론 전부 제가 만든 노래들로 부를 겁니다.
세 곡과 앵콜 한 곡, 네 곡은 기본입니다.
첫 곡은 저를 위해 부르려 합니다.
〈나이가 든다는 것〉
지금의 저를 가장 진하게 담은 곡이니까요.
두 번째 곡은 제 아내를 향한 노래입니다.
〈함께라서〉
그녀에게 전하고 싶었던 고백을 담아
진심으로 부를 겁니다.
세 번째 곡은 여러분께 드릴 겁니다.
〈참 잘 살아왔구나〉
모두 함께 살아낸 인생에게 바치는 노래입니다.
그리고 앵콜 박수가 나올까요?
흐흐, 아마도 예의상 한 번쯤은 나오겠죠?
그 앵콜곡은 아직 정하지 않겠습니다.
그건 여러분들의 몫으로 남겨둘게요.

생전 장례식에 부를 제 노래 3곡을 소개합니다.

나이가 든다는 건 - 서인석 작사, 캐빈문 작곡

나이가 든다는 건
어느새 마음이 조용해지는 것
화를 내기보다 웃게 되고
남 탓보다 내 탓 먼저 하게 되죠

길 잃은 꿈을 봐도
괜찮다 말할 수 있어요
그때는 몰랐던 걸
이제야 알겠네요

나이가 든다는 건
하루하루가 고마워지는 것
작은 일에도 눈물 나고
하루하루가 선물입니다

누군가의 안부에도
자꾸 마음이 가고요
놓쳤던 그 사랑까지
이젠 다 이해가 되네요

나이가 든다는 건 참 좋은 거구나
나이가 든다는 건 참 좋은 거구나

함께라서 - 서인석 작사, 캐빈문 작곡

곱게 물든 저녁노을 아래
당신 손을 꼭 잡아 봅니다
젊은 날 약속했던 그 말
세월 따라 지켜 왔지요

아이들 떠난 조용한 집에
둘만의 웃음이 남았네요
된장국 냄새 솔솔 나는
소박한 밥상도 축복이지요

함께해 준 시간이 고맙고
곁에 있어 준 당신이 좋아요
늙어 가는 게 두렵지 않아요

함께라서, 참 다행입니다
함께라서, 참 다행입니다

참 잘 살았구나 - 서인석 작사, 동네아저씨 작곡

그래도 참 잘 살았구나
둘이라서 참 좋았었지요

나이 들수록 마음이 말하네요
화내기보다 웃음이 먼저라고
사진 속 내 얼굴이
낯설지 않게 웃고 있어요

혼자였던 그날보다
둘이었던 날이 더 좋았죠
눈물 기억도 지나 보니
다 고맙던 추억입니다

그래도 참 잘 살았구나
둘이라서 참 행복했네요

그래도 참 잘 살았구나
둘이라서 참 행복했어요

서인석의 마음 수첩

죽은 뒤의 장례식보다,
살아 있는 지금 웃으며 하는 마지막 무대.
그게 진짜 내 마음이 전해지는 날입니다.

이름은 사라져도, 웃음은 남는다
– 흔적보다 마음이 오래 간다

이제는 누군가를 너무 좋아하지도,
너무 미워하지도 않습니다.
적당히 정이 들고, 적당히 실망도 하고,
그러다 조용히 품고 흘려보냅니다.
예전엔 좋고 싫음이 분명했지요.
마음이 꽂히면 끝까지 밀어붙였고,
상처받으면 뒤도 안 보고 돌아섰습니다.
그게 멋인 줄 알았고, 진심이라 믿었습니다.
하지만 지금은 다릅니다.
그렇게 뜨겁게만 굴다 보면
나만 먼저 타버릴 수도 있더라고요.
그 열정이 날 밀어주기도 했지만
어느 순간엔 나를 갉아먹고 있었습니다.
그래서 요즘은 조용한 마음을 지향합니다.
크게 좋아하지 않아도, 깊이 미워하지 않아도
충분히 따뜻하게 살아갈 수 있다는 걸 압니다.
요즘은 누군가에게 먼저 전화하지 않습니다.
웬만한 일은 카톡으로 조용히 주고받습니다.

전화는 하루 세 통, 전부 아내와의 통화입니다.
"밥 먹었어?" "어디야?" "언제 와?"
그 안에 하루치 진심이 담겨 있습니다.
많은 말 없이도 서로를 아는 사이,
그게 오래 함께한 사람들만의 방식이라는 걸
이제는 압니다.
그리고 문득 이런 생각이 듭니다.
"이름값보다, 마음값이 더 크다."
젊을 땐 이름 석 자가 전부였습니다.
방송 자막에 뜨고, 뉴스 기사에 오르고,
사람들이 내 이름을 말해주는 게
살아 있다는 증거 같았지요.
그런데 지금은 다릅니다.
이름은 잊힐 수 있어도,
마음속에 남은 웃음 하나는 오래 갑니다.
그 웃음이 따뜻했다면,
그 사람도 오래 기억되겠지요.
그게 제가 바라는 겁니다.
유행어는 잊혀도 좋습니다.
무대는 사라져도 괜찮습니다.
하지만 내가 만든 웃음 하나가
누군가의 마음을 살짝 기울이게 했다면—

그걸로 나는 충분합니다.
무대에 설 때마다 다짐했습니다.
오늘 단 한 번이라도, 누군가를 진심으로 웃게 하자.
그 웃음이 하루를 버티게 할지,
어떤 인생의 조용한 증거가 될지 모르니까요.
지금은 관객도 줄고, 조명도 희미하지만
그 웃음이 여전히 살아 있다는 걸 압니다.
사람들이 내 이름은 잊어도
"그 사람, 참 따뜻했지."
그 한마디만 남는다면 좋겠습니다.

서인석의 마음 수첩

이름은 사라져도 괜찮습니다.
내가 만든 웃음 하나,
누군가의 마음에 오래 남아 있다면—
그게 진짜 긴 무대 아닐까요.

내가 쓰는 유언, 지금 이 순간
– 기록이 곧 나의 유산

젊었을 땐 '유언장'이란 말이
참 멀게 느껴졌습니다.
누가 죽을 때 쓰는 거라고만 생각했고,
죽음을 준비하는 사람만이 떠올리는 말 같았지요.
하지만 지금은 다릅니다.
나는 지금, 살아 있으면서 유언을 쓰고 있습니다.
이 글들이, 이 말들이, 이 마음이
결국 누군가에게 남는 내 유언이 될 수 있으니까요.
유언은 '남은 이에게 남기는 마지막 말'이라지만
나는 살아 있는 동안, 사랑하는 사람들에게
고맙다고, 미안하다고, 사랑한다고
말하고 싶습니다.
떠나고 난 다음에야 겨우 도착하는 마음이라면
너무 늦은 편지 같아서요.
그래서 나는 오늘도, 살아 있는 목소리로 말합니다.
"당신 덕분에, 참 잘 살았습니다."
내가 잘 살아왔다는 걸
누가 증명해 주지 않아도 괜찮습니다.

내가 사랑한 사람들,

내가 미안해했던 얼굴들,

지금까지 내 옆에 남아 함께 걸어준 사람들—

그들과 나눈 시간이

이미 내 인생의 증거입니다.

특히, 내 아내에게는

'감사장' 대신 '고백장'을 남기고 싶습니다.

젊었을 때 미처 못 했던 말들,

눈치만 보며 삼켰던 말들—

이제는 다 전하고 싶습니다.

"여보, 당신 덕분에 인석이란 사람,

정말 잘 살았습니다."

유언은

죽음을 준비하는 말이 아니라,

삶을 정리하는 말입니다.

나는 지금, 하루하루 그 유언을

말하듯 쓰고 있습니다.

서인석의 마음 수첩

유언은 죽을 때 쓰는 말이 아니라,
살아 있을 때 가장 사랑하는 사람에게
전해야 할 진심입니다.
나는 지금, 내 목소리로 쓰고 있습니다.

마침표는 내가 찍는다

– 인생의 마지막 페이지를 내 손으로

살다 보면,
누가 대신 끝내주지 않는 일이 있습니다.
인생도 그렇습니다.
누가 박수 쳐주고 끝내주는 게 아니라,
내가 내 손으로
조용히 마침표를 찍는 일이지요.
한창 활동하던 시절엔
'은퇴'라는 말이 어색했습니다.
무대에서 내려올 생각은커녕,
오히려 더 큰 무대, 더 많은 관객을 꿈꿨습니다.
그게 바로 '전성기'란 놈의 마법이었죠.
하지만 지금은 조금 다릅니다.
언젠가 내 이름이 마지막 자막으로 올라갈 날,
그 장면을 나 스스로 연출하고 싶다는 마음이 듭니다.
누군가의 말 한마디가 아니라,
내 삶의 타이밍에 맞춰
내가 "여기까지입니다."라고 말할 수 있다면—
그거면 된 것 같습니다.

억지로 박수받으려 애쓰기보단
고요히 무대를 내려오는 것도,
내가 나를 존중하는 방식일 수 있습니다.
누구도 내 인생의 마침표를 대신 찍어주지 못하니까요.
이 삶의 마무리 연출가,
그건 결국 나 자신이더군요.
그러니 나는
누가 뭐라 하든
내 호흡으로 내 이야기를 마무리하려 합니다.
끝이 아쉬워도 좋고,
조금 엉성해도 괜찮습니다.
마침표를 찍는 손끝이
내 마음과 맞닿아 있다면,
그걸로 충분하니까요.

서인석의 마음 수첩

누구도 내 인생의 마침표를 대신 찍어주지 못합니다.
그러니 나는, 오늘도 스스로 써 내려갑니다.

마지막 장면이라도 괜찮다, 지금이니까

- 엔딩보다 중요한 지금

한 편의 드라마를 떠올립니다.
맨 마지막 장면이 꼭 해피엔딩이 아니더라도,
그 이야기 전체가 슬프거나 실패한 건 아닙니다.
때로는 열린 결말로, 때로는 묵직한 여운으로—
우리의 인생도 그렇게,
끝을 향해 조용히 흘러가는 것이겠지요.
젊었을 땐 늘 멋진 피날레를 꿈꿨습니다.
무대에서 환하게 조명이 비추고, 박수가 터지고,
사람들이 "브라보!" 외쳐주는 퇴장.
그 장면을 위해 아등바등 버텨온 것도 사실입니다.
그런데 지금은 좀 다릅니다.
마지막 장면이 조금 서툴러도 괜찮습니다.
관객이 많지 않아도, 조명이 꺼져 있어도—
내 마음속에서 '참 잘 살았다'는 고백이 있다면,
그걸로 충분합니다.
죽음이라는 단어 앞에서
이제는 조금씩 '수긍'이라는 말을 배웁니다.
반항보다, 받아들이는 연습을 하게 됩니다.

내 심장이 다음 주까지,

내년까지,

아니면 10년 후까지

버텨줄 수 있을지 장담할 순 없지만—

지금 이 순간,

사랑하는 사람과 눈을 맞추고

"당신 덕분에 나는 잘 살았어요."

이 말 한마디를 전할 수 있다면,

그게 바로 가장 아름다운 마지막 장면 아닐까요?

살아 있기에,

말할 수 있는 유언이 있고—

숨 쉬고 있기에,

고백할 수 있는 감정이 있습니다.

그래서 나는 오늘도 말합니다.

"지금이니까, 마지막 장면이어도 괜찮다."

그 말은 곧,

이 순간을 사랑하고 있다는 뜻입니다.

서인석의 마음 수첩

마지막 장면이 꼭 완벽할 필요는 없습니다.
지금 이 순간, 사랑하고 있다면—
그건 이미 잘 찍힌 마침표입니다.

다음 생이 없어도, 지금 삶으로 충분했습니다
– 후회보다 감사를 남기며

언제 떠날지 모르는 나이,
언제 멈출지 모를 심장으로
나는 하루하루를 살아가고 있습니다.
심장병으로 쓰러지면,
유언 한마디 남길 시간도 없습니다.
형곤이 형.
그리고 날 제일 좋아하던 양종철이.
두 사람 모두, 말 한마디 없이 훌쩍 떠났습니다.
형곤이 형은 생전에 자주 말했습니다.
"인석아, 난 죽으면 여의도 성모병원에 내 몸 기증된다.
해부용으로 쓰일 거야.
뚱뚱한 몸은 해부할 것도 많거든. 너도 그렇게 해."
그땐 웃으며 넘겼지만,
지금은 그 말이 농담만은 아니었다는 걸 압니다.
그 한마디가 조용히 저를 멈춰 세웠습니다.
그래서 저희 부부도 결심했습니다.
연명치료는 거부 서약했고, 장기기증에도 서명했습니다.
그리고 이렇게 약속했습니다.

"누가 먼저일지 몰라도,
심장이 멎거든 119는 부르지 말자.
산소호흡기도 달지 말자.
그게 남는 사람과 떠나는 사람,
서로에게 가장 평화로운 작별이 될 거야."
우리는 그렇게 담담하게,
조용히 서로에게 작별을 연습하고 있습니다.
그리고 나는 속으로 이렇게 덧붙입니다.
"다음 생이 없어도 괜찮습니다.
지금 삶만으로도 충분히 고마웠습니다."
사랑하는 아내가 있었고,
내 이야기를 들어준 당신들이 있었으니까요.
이 글이 혹시 제가 세상에 남기는 마지막 인사라면─
부디, 한 사람의 개그맨이자 작사가,
그리고 조용히 늦게 철든 인생 후배의 고백으로
받아주시길 바랍니다.
예전엔 웃는 척, 괜찮은 척, 강한 척하며 살았습니다.
감정을 숨기고 사는 것이 어른다움이라 믿었습니다.
그게 사회생활이라 여겼고, 멋이라고 착각했지요.
그런데 지금은 다릅니다.
외로우면 외로운 대로,
기쁘면 기쁜 대로,

감정을 감추기보다 꺼내놓을 줄 아는 내가
오히려 더 괜찮아 보입니다.
외로움도 내 삶의 일부입니다.
그 덕분에 나는 나를 더 깊이 들여다보게 되었고,
그 외로움 덕분에 글을 쓰고, 노래를 만들고,
사람을 더 따뜻하게 안아줄 수 있는 사람이 되었습니다.
그리고 무엇보다,
아직도 나는 누군가에게 희망이고 싶습니다.
내 노래를 듣고, 내 글을 읽고,
하루를 견디는 누군가가 있다면—
나는 살아 있어야 합니다.
말하지 않아도 알아보는 사람,
묵묵히 내 편이 되어주는 아내가 곁에 있기 때문에
나는 더 이상 외로움을 피하지 않습니다.
외로움마저도 나의 일부로 품고,
그 따뜻함을 조용히 나눌 수 있는 나이가 되었습니다.
이야기를 쓴다는 건,
외로움을 희망으로 바꾸는 작업입니다.
그래서 나는 오늘도 나의 이야기를 씁니다.
누군가에게, 그리고 나 자신에게
따뜻한 내일을 건네기 위해.
이제는 무대에 서지 않아도 괜찮습니다.

노래를 남겼고, 웃음을 남겼고,
당신을 위한 글 한 줄을 남겼습니다.
그래서 나는 이제, 이렇게 말할 수 있습니다.
"다음 생이 없어도, 지금 삶으로 충분했습니다."

서인석의 마음 수첩

살아 있는 동안 사랑을 말하고,
남겨진 글 속에 마음을 묻습니다.
이 글들이, 나의 유언입니다.

"다음 생이 없어도 괜찮소. 이번 생, 참 좋았소."

에필로그

아내에게 보내는 편지

여보, 그날을 기억하오?
몇 달 전부터 계단만 올라도
가슴이 찢어질 듯 아팠지요.
당신은 옆에서 늘 말없이 지켜보다
병원에 가보자고 했습니다.
나는 그저,
크게 아픈 건 아닐 거라 믿었습니다.
그런데 의사 선생님은
조용히 한마디 하더이다.
"이미 심근경색이 왔었습니다."
그 순간,
당신 얼굴이 가장 먼저 떠올랐습니다.
이별 인사도 못 하고
당신 곁을 떠날까 봐—
그게 가장 두려웠습니다.
그래서,
나는 살고 싶었습니다.
단 하루라도 더,

당신 곁에 있고 싶었습니다.
수술대 위에서
수십 명의 의료진이
한 생명을 붙잡기 위해 움직이던 그날.
나는 조용히 다짐했습니다.
"살아난다면,
이 사랑은 남기자."
이 편지는
당신에게 드리는 감사장이자,
내 마지막 러브레터입니다.
불평 한마디 없이,
늘 내 손을 조용히 잡아주던 사람.
내 인생에서 가장 따뜻한 행운은
당신을 만난 일이었습니다.
앞으로는
더 자주 보고,
더 자주 안아주고,
더 자주 고맙다고 말하겠습니다.
그리고 그날이 정말 온다면—
그 마지막 순간에도
당신 손을 꼭 잡고 말하고 싶습니다.
"다음 생이 없어도 괜찮소.

나는 당신과 함께한 이번 생애,
참 행복했소."
이 편지를 쓰며
이 산문집이 시작되었습니다.
그래서 이 책은
무엇보다, 당신에게 드리는 선물입니다.

2025년 5월
중앙대학교 병원 병실에서
당신의 남편, 서인석